绝对成交

POWER NEGOTIATING FOR SALESPEOPLE

[英] 罗杰·道森 著
ROGER DAWSON

徐彬 王柳莉 译

北京联合出版公司

目 录

买卖不成是因为话不到 _01

第 1 部分　谈判的重要性

第 1 章　21 世纪的销售 _3
第 2 章　"双赢"的谈判 _7
第 3 章　谈判其实有章可循 _9

第 2 部分　开局策略

第 4 章　敢于开价 _13
第 5 章　框定范围 _21

第 6 章　绝不接受第一次报价 _25

第 7 章　学会表现惊讶 _31

第 8 章　扮演不情愿的卖家 _36

第 9 章　着眼谈判本身 _41

第 10 章　钳子策略 _46

第 3 部分　中场销售谈判策略 51

第 11 章　更高权威法 _53

第 12 章　避免对抗性谈判 _64

第 13 章　持续衰减的服务价值 _68

第 14 章　永远不要主动提议分摊差额 _71

第 15 章　烫手山芋 _75

第 16 章　一定要索取回报 _80

第 4 部分　终局销售谈判策略 85

第 17 章　好人 / 坏人策略 _87

第 18 章　蚕食策略 _94

第 19 章　让步模式 _102

第 20 章　收回报价 _106

第 21 章　"留面子"策略 _109

第 22 章　起草合同 _112

第 5 部分　价格没有你想象的那么重要 117

第 23 章　客户其实愿意多花钱 _119

第 24 章　比价格更重要的东西 _123

第 25 章　确定客户愿意付多少钱 _127

第 6 部分 优势成交的秘诀 131

第 26 章 销售的四个阶段 _133

第 27 章 25 种绝对成交策略 _135

第 28 章 "陷阱"成交法 _157

第 7 部分 如何掌控谈判 161

第 29 章 谈判动机 _163

第 30 章 谈判中的那些"套路" _170

第 31 章 如何与非美国人谈判 _180

第 32 章 谈判压力点 _187

第 33 章 谈判中的问题 _202

第 34 章 如何应对愤怒的客户 _212

第8部分 理解你的对手 219

第35章 增强个人影响力 _221

第36章 读懂客户的性格特点 _234

第37章 双赢销售谈判 _246

结语 _251

买卖不成是因为话不到

自 2001 年我写完第一本针对销售人员的书以来,销售领域发生了很大的变化。

如今的客户比过去懂得更多。以前,销售人员可以靠吹嘘蒙混客户,比方说:"如果把它加到你们的产品线里,那么销售额有望增加 20%。"可如今,对方很可能会在笔记本电脑上敲下几个数字,然后毫不留情地说:"事实根本不是你说的那样。我们在奥马哈门店的试销结果显示销售额只增加了 4.2%,不足以说服我们加购一个 SKU(最小库存单位)。芝加哥地区的业绩虽然增加了 5.2%,但仍不足以给我们带来收益。"

现在的零售商清楚地知道在节假日成交优惠最大——至少能拿到店员为假期促销提供的免费样品。

在美国,销售工作变得越来越难,竞争空前激烈。面向国际的趋势又进而对销售人员提出了更高的要求。在某些行业中,抢先推出新品的先发优势正在缩小,从过去的数年缩短到几个月甚至几周。如今的买家比以前更善于谈判,他们的消息也更为灵通。

事实上，为了进一步压价，你的客户也承受着巨大的压力。如果你的销售人员不懂得如何谈判，或许销量看上去一直在增长，但你能拿到的利润其实微乎其微。在价格战的压力之下，就连和洛斯（Loews）、家得宝（Home Depot）这样的大卖场打交道的销售人员都害怕每半年到三年一次的品类审查。这里有一点需要大家注意：虽然客户在审查中各有侧重，但除此之外，广告补贴、承诺过的包装、产品标签等方面也不容马虎。

尽管有以上种种变化，但有一个事实亘古不变：只有帮助买家受益，卖家方能得利。

罗杰·道森

第1部分

谈判的重要性

第 1 章
21 世纪的销售

几年前我曾录过一盘名为《优势谈判》的录音带。让我倍感惊喜的是，这盘录音带竟然成为美国有史以来最为畅销的录音带之一。自此，全国各地的销售经理纷纷给我打来电话，邀请我给他们公司的销售人员做培训，教他们如何利用优势谈判来提高产品的实际利润，并在低价竞争的压力下抢到订单。

如今我的学员已遍布全球，既有像 IBM、施乐、宝洁、默克制药、雅培药业、通用食品这样的产业巨头，也有许多刚起步的小公司。无论听众是谁，讲课本身对我而言就是一种享受。但更重要的是，我开始对销售人员、客户以及当下销售工作的困境有了更深的理解。讲课的那些年里，销售人员教会了我许多关于这个行业的知识。他们告诉我销售工作变得越来越难，也就是说，在 21 世纪，只有最优秀、最聪明的销售人员才能在这行有所作为。

窃以为，销售这一职业在本世纪会经历许多重要的变革，以下是我观察到的一些新趋势。

趋势1：客户的谈判水平变得越来越高

几乎每个参加培训的销售人员和销售经理都在告诉我一件事：如今客户的谈判水平比10年、20年前高得多，并且这一趋势还将持续下去。

恕我直言，你的客户已经找到了最有效、最快速的砍价方式：直接砍掉你的利润。

换位思考一下，要提高利润，你的客户只有三种办法：

- 卖掉更多产品。也就是说，他们要么与竞争对手正面交锋（从对方手里抢业务以扩大市场份额），要么创新产品，开拓新市场（同时意味着高风险、高成本）。
- 降低运营成本。一般是靠裁员或是购入昂贵的新设备来实现。
- 提高谈判水平，削减采购成本。很显然，这种办法要比前两种简单得多；在压价过程中，你放弃的利润会直接进入他们的口袋。

所以，如今许多公司越来越注重对采购人员能力的培养。10年前，你的客户可能只是中规中矩的采购员，而现在你面对的可能是商学硕士。

不仅如此，他们甚至可能刚在哈佛大学接受了整整一周的谈判培训。他们知道，要想提高利润，最好的办法就是在谈判中取得优势，因为这远比设法增加市场份额或削减成本简单得多。

趋势2：客户的消息比以前更灵通

过去，销售人员的价值往往在于他们掌握着许多对客户而言很宝贵的信息。当时客户多通过约见销售人员来了解业内新产品和新动向。知识就是力量，也是那个年代销售人员的优势所在。而时至今日，这种优势已然不复存在。买方完全可以通过互联网自行获取感兴趣的业内新动向。

过去,销售人员靠蒙混客户就能侥幸成交。比如,在向连锁百货公司推销时,他们会说:"如果你能采购我们全部SKU,就会发现我们的产品可以占到你们总销售额的32%,利润率也会上升3个百分点。"可如今,这样的吹嘘几乎等于自找难堪。因为对方只要打开电脑敲下几个数字就能识破这种大话。"恕我们不能认同你的说法,"他会毫不留情地告诉销售人员,"我们在议会大厦的试销结果显示你们的产品只占到我们总销售额的12.8%,利润率也只提高了0.8个百分点,根本不足以抵消我们所增加的额外采购支出。"

在和这种消息灵通的买家打交道时还有另一个更为棘手的问题——他们知道你是否卖出过更低的价格(这在食品制造业中被称为"分流")。比方说某饼干制造商想要增加丹佛地区的市场份额,为鼓励当地商店批发和推广自己的产品,他们会给丹佛地区的经销商提供特价优惠。很快,全国各地的食品店和批发商就会终止与本地经销商的合作,转而从丹佛订购饼干,以享受优惠。他们甚至不需要从丹佛提货,只要在丹佛下好订单再把货物运到仓库即可。

趋势3:销售人员角色发生转变

过去,销售人员的角色是非常明确的——把制造商的产品卖给用户或经销商。而现在,这一角色正在发生变化。越来越多的销售人员发现自己显然和买家互换了位置。这在一些直接对接零售商的行业中尤为普遍,并且我坚信,这一现象会很快蔓延到其他行业。许多大型食品生产商,例如宝洁、通用食品公司就曾就此专门请我做过培训。他们希望通过我提高公司销售人员的谈判水平,从而更好地与零售商洽谈合作广告项目。

就拿一家沙拉酱制造厂来说吧。刚开始,其创始人可能只是为自家的聚餐准备一些简单的沙拉酱。由于味道备受好评，他开始为亲朋好友们调制少量的酱料。接着他开始批量制作，作为圣诞或是生日礼物赠予他人。几乎所有人都喜欢他做的酱料，并鼓励他拿到市场上出售。于是他接受了大家的建议，决意一试。他申请了一笔小额商业贷款，开始在超市和食品店转悠，推销自己的产品。然而他沮丧地发现，要把产品摆上货架得花很多钱。首先，他需要谈拢一笔固定的上架费。店主们都表示："我们的货架空间很有限。如果想让我们卖你的沙拉酱，就必须支付2万美元的上架费。"不仅如此，如果这些沙拉酱卖不出去，他不仅要自己掏钱购回，还需要赔给零售商一笔"失败津贴"，以补偿占用货架而造成的损失。如果想让商店对他的产品进行特别介绍，还需要额外的展示费用。除此之外，店家在报纸上刊登广告或是印发传单的宣传费用也需要他自掏腰包。也就是说，他花在谈判上的精力和时间远比真正卖沙拉酱的要多。

　　对于直接和超市、百货公司、专卖店等零售商打交道的人来说，这一情景可谓再典型不过了。

　　这也就是我之前提到的，销售人员的角色在本世纪将发生巨变。也就是说，销售人员若想成功，则需要比过去更聪明、更灵活，也更专业。当然，最重要的是，他需要比以前更善于谈判。

第 2 章
"双赢"的谈判

作为一名销售人员,你可能听说过谈判的终极目标是达成双赢。这种创造性的谈判方式指的是,让你和买家在谈判结束时都感觉自己赢了。为了证实这一观点,我来讲一个分橘子的例子,你可能听过。有两个人都想要橘子,但橘子只有一个。讨论再三后,他们发现最好的方法只能是把橘子一分两半,各取所需。为了公平起见,他们决定让一个人来切,然后另一个人先选。然而在谈判中,当两人提到自己的目的时,才发现原来其中一个想榨橘子汁,另一个则只需用到果肉做橘子蛋糕。就这样,他们奇迹般地找到了双赢的解决方案。

完美!

这在现实生活中是有可能发生的,但发生的概率还不足以使我们想当然地认为必然如此。还是醒醒吧。如果你足够幸运,是有办法让买家和你坐下来面对面谈判的。但事实往往是:对方想要的东西和你一样,并不存在什么奇迹般的双赢方案。他想要的是最低价,而你却要设法抬高价格。大家都想把对方的"橘子"吃到自己嘴里。

优势谈判采取的方法则截然不同。优势谈判能让你在谈判桌上取胜，但与此同时又让买家感觉自己才是赢家。事实上，正是这一技巧成就了那些优势谈判高手。假设两个销售人员去和两个需求完全相同的买家谈判，或许他们会以同样的条件和价格成交，但区别在于，**优势谈判高手会让买家觉得自己占了上风，而不懂谈判的销售人员则会让买家感觉自己吃了亏**。

我会教你如何做到这一点，让你的客户永远感觉自己赢得了谈判。这样他们就不会在第二天早晨醒来时恍然大悟："我现在知道那个销售员怎么对我的了。看我下次怎么收拾他。"这种情况绝不会发生！不但如此，他们还会觉得和你谈判十分舒心，并且迫不及待地想要再见到你。

如果你能学会运用我在本书中教你的优势销售谈判秘诀，你将不会再觉得自己输给了买家。每当谈判结束时，你都会清楚地知道自己不但赢得了这场博弈，还改善了与买家的关系。

第 3 章
谈判其实有章可循

和下象棋一样,销售谈判也有其章法可循。谈判和下棋最大的区别在于,谈判时对方可以不懂规则。换句话说,只要你掌握了其中的技巧,对方的下一步行动往往是可预料的。在多年的谈判中,我们见过成千上万种客户反馈,因此知道对方将做何反应。倒也不是每次预测都能如期,但成功率也足以证明谈判是一门科学,而非无章可循的艺术。

下面我用一个小练习来证明:

- 想一个 1 到 10 之间的数字。
- 把这个数乘以 9。
- 把得到的两位数的两个数字相加。
- 用这个数字减 5。
- 把得到的数字转换成字母,比如 A、B、C、D、E、F……
- 现在想一个以这个字母开头的国家名。
- 取这个国家名的第二个字母,然后想一个以该字母开头的动物。

现在告诉我：你是不是在想丹麦的大象？

如果你住在美国西北部，俄勒冈州到达科他地区这个范围，你想的就是丹麦的麋鹿。

我还知道如果你走神了，就会在算术的那几个步骤掉队，得出完全不相干的答案。我之所以知道这些，并不是因为我是个天才，而只是因为我已经和成千上万的人一起做过这个练习，能够清楚地预料到你的反应。谈判也是如此。只要你有足够的经验和技巧，对方的反应几乎完全在你的意料之中。

如果你会下棋，就一定知道棋手们把博弈中的战略走法叫作"策略"，这一叫法本就暗含风险之意。其中有铺下整场优势基调的"开局策略"，也有引导棋局朝着对自己有利的方向发展的"中场策略"。在你准备"将军"时（也就是谈判即将结束时），还有"终局策略"能够助你一臂之力。

第 2 部分

开局策略

在本书的这部分，我将教你如何进行优势销售谈判。

首先，你将会学到开局策略。即你在与买家接触的初期该做的事，以确保你为谈判成功打下基础。

这一点至关重要，因为随着谈判的推进，你会发现每一步进展都取决于你在谈判初期所做的这些铺垫。你提出的每个要求、表现出的每种态度都必须经过周密的计划，该计划必须考虑到谈判过程中的方方面面。开局策略的制定应当建立在对客户、市场和买方公司的仔细评估之上，因为第一招的好坏将直接影响整场谈判的成败。

其次，我会教给你一套中场策略，让你保持住强劲势头。在这一阶段，各种不同因素会陆续开始影响谈判局势。这时的每一步举动都会形成漩涡，裹挟着双方把谈判推向不同的方向。你将会学到如何面对这些漩涡，从而继续掌控谈判节奏。

最后，我还为你准备了一系列终局策略。掌握了这些，你就能在达成目标的同时还让客户获得胜利感。谈判的最后时刻很可能会扭转乾坤。这就像赛马一样，只有到了终点线才能定胜负。作为一名优势谈判高手，你将学会如何平稳地掌控整场节奏，直到最后一刻。

第4章
敢于开价

首先，我们从开局谈判策略学起。

我们要敢于开高价。亨利·基辛格（Henry Kissinger）曾说过："谈判的成败取决于你能多大程度地抬高条件。"有趣吧？这位享誉世界的国际谈判大家竟公开表示，谈判时，他开出的条件其实是高于实际预期的。或许你会想："我的客户又不笨，只要我一开口，他们就会知道我的要价是虚高的。"但即便如此，这种做法仍不失为一种睿智的谈判策略。

至于原因，不妨试着问问自己以下问题：

- 为什么明知道客户会分流订单，你却仍在争取全部的业务？
- 为什么明知道对方的心理价位，你却还是坚持原先的高定价？
- 为什么明知道客户预算有限，你却仍向他们推荐顶配产品？
- 为什么即便客户从未购买过延保服务，你却还是坚持不懈地提起呢？

如果认真考虑过这些问题，我相信你心中已经有答案了。

首先，最显而易见的原因就是，抬高条件能够给你的谈判争取一些弹性空间。谈判时，作为卖方，价格往往是越谈越低的，再次抬高价格的可能性几乎为零。（在"终局策略"中，我会教你如何通过蚕食对方利益来提高成交价。之所以放在后面，是因为该策略用在谈判即将结束时要比现在有效得多。）因此，你需要在一开始就把条件抬到最高限度，给出一个"最优价"，也就是在对方接受范围内的最高价格。

至于定价，你对对方了解越少，初次报价就应该越高。原因有二：第一，你的预判可能是错误的。由于你并不了解客户本人及其需求，对方完全有可能接受比你预期更高的条件。第二，首次合作时，如果能主动做出较大的让步，会显得你更有诚意。之后随着了解的不断加深，你对定价的把握也会愈加游刃有余。毕竟，在互不了解的情况下，对方提出的要求可能更为出格。

但需要注意的是，抛出高价后，一定要让对方知道还有商量的余地。如果你一上来就喊个天价，还一副"要买就买，不买走人"的态度，那么根本就不会有谈判的机会。因为对方会觉得："那我们根本没的谈。"但只要让对方感觉你的报价是有弹性空间的，就无须担心上述情况了。你可以说："在进一步了解你们的需求后，我们的报价可能会有所调整，但就目前而言，根据你们的订购数量、规定包装质量和对出货速度的要求，我们能给出的最低价大约是每件 2.25 美元。"这时对方会想："这报价也太离谱了，不过听上去还有议价的余地，那我不妨谈一谈，看价格最终能压到多低。"

事实是，普通销售人员大都存在一个问题：你真正的最优价格可能远高于你想象的。但由于我们都害怕对方的白眼（在后面讲到"强迫力"时我会详细解释这一点），都不希望自己的方案被嘲笑或是被回绝，所以，带着这种心理，你选择逐步降低最优价格，甚至低于对方所能接受的价格。

至于第二个原因，同样显而易见（只要你够乐观）：对方可能会直接接

受你的要求。毕竟一切皆有可能。谁知道哪天守护神会不会就恰巧倚在云彩上，向下看着你："哇，快看那个××行业的销售员，他都辛苦工作这么久了，今天就让他松口气吧！"因此，只要你敢开口，求有所应又何尝不可能呢？

第三个原因是，较高的定价能提高你的产品或服务在对方心目中的价值。

当你把印好的报价单拿给客户时，它会在潜意识中影响对方对产品的价值判断。即便是谈判老鸟，也或多或少地会受其影响，更别说那些经验不足的新手了。说得更具体一点，就以阿司匹林为例吧。

大家都知道，阿司匹林就是阿司匹林。名牌阿司匹林和你在连锁药店里随手拿的杂牌阿司匹林并没有什么区别。所以假设名牌阿司匹林一盒卖2美元，而杂牌的只要1美元，你会选哪个？我猜你应该会选便宜的那个。

但如果我告诉你那盒名牌药正在打折，仅需1.25美元，并且仅限今天，你又会做何选择呢？你犹豫了，对吗？因为即便你知道这两者并没有什么实质区别，但既然只差了25美分，那名牌阿司匹林似乎也是个不错的选择。

如果我接着告诉你一分钱一分货，我觉得名牌药的品控会更加严格，那你会怎么选呢？请注意，我既没有肯定地说知名药厂品控更严，仅仅是"我觉得"，也没有保证"更加严格的品控"会让药品本身有什么不同。如你所知，这两种阿司匹林确实大同小异，在药效上的差别更是微乎其微。然而，经过一系列暗示后，你很可能就愿意多花这25美分去买名牌药。所以，我不想再听到有人说"叫不上去价""同行压价"之类的借口。既然那些大型药企能让人们相信他们的阿司匹林物有所值，那么你也完全可以让客户相信你的产品比同行的更好。而要做到这一点，最好的方法就是大胆开出高价。总之，高于预期的定价可以提高产品在对方心目中的价值。这就是我要说的第三个原因。

第四个原因就是，它可以避免谈判双方因"颜面"的冲突而陷入僵局。

海湾战争就是一个很好的例子——当时 CNN 几乎天天播报。还记得 1991 年我们对萨达姆·侯赛因（Saddam Hussein）提的要求吗？当年，总统乔治·W. 布什在《国情咨文》中声明美国立场时，用了一句漂亮的头韵——可能出自佩姬·努南（Peggy Noonan）之手，他说："我不是在吹牛，不是在唬人，更不是在恃强凌弱。这个人有三件事必须要做：撤离科威特；恢复科威特的合法政府；赔偿一切损失。"这则声明确实足够清晰明确。

但问题是，一开场我们就亮出了底线。这三点要求正是我们能接受的最低限度。不出所料，谈判很快进入了僵局。之所以会造成如此局面，是因为我们没有给萨达姆留任何回旋的余地。

如果我们当时说："好吧。我们的要求是让联合国监督你的整个撤军过程。除此之外，我们还要你撤出科威特，恢复科威特的合法政府并赔偿一切损失。"这样我们就能达到想要的目的，同时也能保住萨达姆的颜面。

我知道你在想什么。你应该在想："我才不在乎萨达姆的脸面挂不挂得住。"确实，我也同意。但问题是，这种想法在谈判中并不可取，它只会使谈判双方陷入僵局。

既然如此，在海湾战争的例子中就只有两种可能：第一，美国国会的谈判人员都是白痴。第二种你应该也想到了，没错，我们明显是在故意制造这种僵局。

没错，在这个例子中，制造僵局显然对美国有利。而在谈判中，多数人之所以会不知不觉陷入僵局，往往是因为没有勇气开出高条件，而并非出于战略考虑。

还有第五个原因，同时也是实现优势谈判的关键因素之一：只有把起点抬高，你才能让买家获得谈判成功的胜利感。如果一上来就报出底价，买家无论如何也不会觉得自己是这场谈判的赢家。

新手们总是想在一开始就抛出低价诱惑对方。缺乏经验的销售人员可能会对经理说："今天我要去谈一笔大生意。竞争者很多，有许多附近的同行也会报价。我的想法是直接压低价格，不然肯定拿不下这笔订单。"而真正的优势谈判高手则很清楚大胆开价的重要性。要想让买家在谈判结束时获得优胜感，这一策略必不可少。

在一些社会热点谈判中，比如棒球运动员或飞行员罢工，双方最开始的要求往往高得令人瞠目。我本人就曾参加过一次工会谈判，对方提条件时，我简直不敢相信自己的耳朵。工会竟然要求将员工工资涨到原先的3倍。至于公司方，则在一开始就要求员工把此事公开讨论。其实就是组建一个志愿工会，这将直接取缔对方的合法地位。优势谈判高手都知道，在这种类型的谈判中，双方一上来肯定会狮子大开口，所以他们并不太在意。大家其实心知肚明，随着谈判的展开，双方的立场都会逐渐向中点靠拢，并最终达到平衡。这样双方就都可以在新闻发布会上保持胜者姿态。所以，尤其是在跟一些心气较高的客户谈判时，一定要记得给对方保留一些"体面"。

优势谈判高手总是会开出高于预期的条件。原因总结如下：

- 可以给自己争取一些谈判空间，让利容易，抬价难。
- 对方可能会直接答应。
- 会抬高产品在对方心目中的价值。
- 能够避免谈判陷入"下不来台"的僵局。
- 能让对方感觉自己赢得了谈判。

以下是一则小寓言：

从前，在太平洋一个很偏僻的小岛上，有一对老夫妻，他们住在一间破旧的茅草屋里。一天，飓风横扫了整个村庄，也刮倒了他们的茅草屋。由于老夫妻年事已高，也没有钱重新修缮小屋，只好投靠女儿、女婿。但女儿家并不宽敞，她和丈夫带着4个孩子，本来已经很挤了，现在又多了老夫妻两人，房间顿时显得更加拥挤不堪，家庭矛盾也随之而来。

女儿找到村里的智者，向他求助："智者啊，我们该怎么办？"

智者不紧不慢地抽了一口烟斗，然后问道："你养了几只鸡，对吧？"

"是啊。"她应道，"我们养了10只鸡。"

"把这些鸡放到屋里养吧。"

虽然听上去有些可笑，但女儿还是听从了他的建议。毫无疑问，情况更糟糕了。遍地鸡毛和漫天的谩骂声充斥着整个小屋，没过几天大家都觉得难以忍受。无奈之下，女儿只好再次求教于智者。

这次智者又问："你还养了猪，对吧？"

"是的，我们养了3头猪。"

"那就把3头猪也赶进屋里养吧。"

这个建议听上去简直荒谬至极，但既然是智者说的，女儿只得硬着头皮照做。这下日子简直没法过了！想想看，又小又吵的屋子里竟然塞下了8个人、10只鸡、3头猪。女婿甚至抱怨屋里吵得连CNN新闻都听不清。

眼看全家都处在崩溃的边缘，绝望的女儿最后一次来到智者面前。"求您了，"她哭诉道，"我们真的不能这样下去了。我究竟该怎么做？无论做什么都可以，求您救救我们一家吧。"

这次，智者的回答让女儿一头雾水，但好在容易做到。"回去把那些鸡啊、猪啊的赶出去吧。"

女儿很快回去照办，于是久违的平静又回来了，从此一家人愉快地生活在了一起。

这个故事告诉我们：要想顺利达成一笔交易，总得择掉点儿什么。

开出的条件要高于心理预期，此言乍看浅显，实则是值得被奉为圭臬的谈判原则。记住，你开出的条件越高，最后得到的就越多——已经有成千上万的真实案例证明了这一点。

应对策略

当客户对你使用这一策略时，你应当立即做出判断，并要求对方公平竞争，然后运用更高权威和好人/坏人策略（我会在后面具体讲到这两个策略）加以反击。你可以说："当然了，定价多高是你的自由，我也可以回你一个同样离谱的价格，但我认为这种做法对我们双方都没有好处。不如干脆告诉我你能接受的价格上限，我会征求一下大家的意见，看我们能帮到你什么。这样岂不是比较公平？"

要点回顾

- 一定要开出高于预期的条件。且不说对方有可能一口答应，这样做还可以给你的谈判争取一些空间。最重要的是，这是让对方产生优胜感的最好方式。
- 你的目标应该是报出最优价格。
- 如果你准备狮子大开口，不妨暗示对方你的报价是可以商议的，从而鼓励对方同你展开谈判。
- 你对对方了解得越少，开出的条件就应该越高。初次接触的客户或许会对报价表示震惊，但接下来你可以主动做出较大的让步，从而建立良好的合作关系。
- 当对方使用该法时，通过主张公平竞争、运用更高权威和好人／坏人策略加以应对。

接下来，我将具体讲解如何确定你所开出的条件。

第5章
框定范围

在上一章中,我讲到了谈判开始时应当开出高于预期的条件。那么接下来的问题就是:到底该如何确定具体的条件呢?想解决这一问题,首先你要明确谈判的目标范围。一般来说,最终成交条件往往是你与对方所开出条件的中间值。

让我们来看几个简单的例子:假设买家出价每件1.6美元购买你的产品,而你能接受的价格是1.7美元,那么,根据"划范围"原则,你应该从1.8美元开始谈起。这样,即便双方最终各让一步,你也能拿下自己的目标价格。

当然,并不是每次谈判都以折中价成交,但在你没有更大的把握时,这种假设还是比较可信的。事实上,如果把这种假设带入谈判中,你就会发现无论事情大小,折中情况出现的频率的确都很高。

一些日常琐事就是如此。例如,你儿子找你要20美元零花钱,说他周末想去钓鱼。你回答道:"没门儿!我是不可能给你20美元的。爸爸和你一般大的时候,一周只有50美分的零花钱,而且是有偿的。给你10美元足够了，一分都不能再多了。"

"可是爸爸，10美元真的不够啊！"

这时，你们的谈判范围就框定了：他想要20美元，你只愿意给10美元。而大多数情况下，你们最终会以15美元达成共识。在美国文化中，选择折中似乎总是代表着公平。

在大事上也是如此。1982年，美国政府曾向墨西哥政府发放巨额贷款，金额约达820亿美元。同年，两国就该笔借贷的偿还问题展开了谈判。代表美国政府的是当时的美国财政部部长唐纳德·里根（Donald Regan）和美联储主席保罗·沃尔克（Paul Volcker）。墨方的首席谈判专家则是他们的财政部部长吉泽斯·赫佐格（Jesus Herzog）。美国创造性地提出，让墨西哥政府以石油作为补偿，为美国提供战略石油储备。双方就此达成了共识。然而这仅仅是条件之一。美国还要求墨方支付1亿美元的谈判经费，这笔钱其实是贷款产生的利息，所谓谈判经费只是为了在政治上更容易被接受。墨西哥总统洛佩斯·波提洛（Lopez Portillo）听到这个条件后当即勃然大怒。他的回答基本可以理解为："你让里根死了这条心吧！我们才不会付给美国什么谈判经费呢，一个子儿都没有！想都别想！"

就这样，双方的谈判范围确定了。美国开出了1亿美元的条件，而对方能接受的额度为零。猜猜最后结果如何。没错，美国最终拿到了5000万美元。

无论大事小事，我们最后往往都会得到折中的结果。通过框定范围，即便结果是各让一半，优势谈判高手仍能得到自己想要的结果。

但是有一个前提，你得设法让对方先提出要求。反之，如果你先开出条件，就给了对方明确范围的机会，折中成交时的优势也就落到了对方手中。其实，这也可以被看作谈判中的一条潜规则。总而言之，一定要让对方先说出自己的要求。因为这是框定谈判范围的必需条件。

换句话说，就是切忌当第一个提条件的人。如果你对谈判的进度比较满意，也不急于进行下一步，不妨大胆地告诉对方："是你要来找我的。我对现状很满意。如果真的想合作，你就得告诉我你的条件。"

因此，一些狡猾的谈判高手会把谈判过程拉得很长。这样一来，即便是自己发起的邀约，最终也能造成是对方主动的错觉，从而占据上风。举个例子，电影制片人萨姆·戈尔德温（Sam Goldwyn）想从达里尔·扎纳克（Darryl Zanuck）那里临时借调一名演员，可扎纳克正在开会，所以戈尔德温怎么也联系不上他。几经碰壁后，气急败坏的戈尔德温坚决要求扎纳克本人接听电话。就在扎纳克终于接起电话时，明明是主动致电的戈尔德温却问道："扎纳克，有什么我能帮到你的吗？"

如果当年的保罗·麦卡特尼（Paul McCartney）和披头士知道这条潜规则，他们一定会更加富有。披头士成立之初，乐队经纪人布莱恩·爱泼斯坦（Brian Epstein）曾为他们的电影首秀进行过谈判。联美公司（United Artists）计划拍摄一部主攻青少年市场的电影，预算只有30万美元。制片方表示可以提供2.5万美元的报酬和一部分利润。其实，如果披头士接受象征性支付方式，片方愿意给到25%的利润。可联美公司非常懂得谈判的艺术，知道什么该说什么不该说。于是，他们让对方先行表态。当时的布莱恩还没怎么见过大世面，也根本没了解过电影行业的薪酬状况。他坚定地回答道，自己最低能接受7.5%的利润。电影《一夜狂欢》（*A Hard Day's Night*）在国际上取得了巨大成功，然而布莱恩的谈判失误却让乐队损失了数百万美元。

待客户声明条件后，你就可以通过框定范围来确定自己的报价，与此同时，最好能暗示对方有议价的空间，这样即便你给出的报价很高，买主也能看出你谈判的诚意。对方可能会想："听起来还有商量的空间，那不妨花点儿时间，看我能不能把价格再压低一点儿。"如此，可以有效地引导对方同你展开谈判。

应对策略

为了不给对手框定范围的机会，你可以设法让对方先开口提条件。

> ### 要点回顾
>
> - 要学会运用"框定"策略，这样即便双方选择折中，你也能得到自己想要的结果。
> - 框定范围的前提是让对方首先亮出条件。
> - 谈判过程中，根据框定的范围不断做出让步，以达到最终的目标。

第6章
绝不接受第一次报价

现在,你将要学习的是开局阶段另一条关键的谈判原则:**坚决不要接受对方的第一次报价**。因为一旦你这样做了,只会让对方产生两种反应。

不妨首先站在买方的角度来思考一下。假设你是某航空引擎制造商的采购员,正准备与一家轴承(引擎制造中极为重要的零件)制造商的销售代表谈判。原先的供应商出了问题,你迫切地需要寻找下家填补空缺。若30天内拿不到所需轴承,你们公司就得关停生产线,而对方正是市面上唯一一家能如期交货的公司。如果不能及时开工生产,你就会违约,而这家航空公司的订单量占到你公司全部业务的85%。在这种情况下,轴承的价格显然就不是你最关注的问题了。可当秘书告诉你对方销售代表已经到场时,你还是告诉自己:"既然是谈判,无论如何我也要把价格压下来,看他做何反应。"

那位销售人员如约做了展示,并向你保证可以及时交货。他给出的报价是每个轴承250美元。这个价格让你大吃一惊,因为你原本打算出到275美元。但你还是掩饰住了内心的惊喜,回答道:"我们之前的拿货价都是175美元。"这时,对方应道:"好的,那就175美元吧。"

这时，你会有以下两种反应：

- 我本来可以做得更好。
- 一定是哪里出了问题。

多年来，我举办过几千次培训，每当讲到这儿时，大家都会有这两种反应。下面我们来具体分析一下：

反应1：我本来可以做得更好

　　有趣的是，你会有这种反应其实和价格本身的关系不大。你之所以会这样想，只是因为对方答应得太过干脆。即便你当时说的是150美元或125美元，由于对方一口就答应了下来，你同样会觉得自己本来可以做得更好。

　　几年前，我在美国华盛顿州伊顿维尔（Eatonville）买了一块100英亩的地皮。那是雷尼尔山（Mount Rainier）以西一个美丽的小镇。当时卖主要价18.5万美元。而据我分析，如果能以15万美元拿下这块地皮，则最为划算。于是，框定这个范围后，我让不动产代理按11.505万美元报价（具体的数字往往更有说服力，也更容易被对方接受）。

　　接着我就回到了加利福尼亚州拉哈布拉市的家中，让代理商负责和卖方谈价。说实话，听到这么低的价格，对方若是愿意继续谈下去就非常难得了。然而，出乎意料的是，几天后我收到了对方的来信，他竟然接受了我的报价和所提要求。我敢肯定这个价格非常超值。因为接下来不到一年的时间，我就卖掉了其中的60英亩，并完全回本。后来我又卖掉了20英亩，成交价是我当初买下整个100英亩的价格。按理说，当年卖主一口答应时，我应该会想："哇，太棒了，这简直是我能拿到的最低价了。"但事实是，我当时觉得:"我本来可以做得更好。"所以,产生这种想法并不是因为你真的对结果不满意,而是对方直接答应了你的第一次报价。

反应2:一定是哪里出了问题

在听说卖主接受了我的报价后,第二个浮现在我脑海中的想法是:"一定是哪里出问题了。我得再仔细检查一下之前的合同,这里面肯定有什么我没注意到的问题,不然他怎么会接受一个我都嫌低的价格。"

而在上一个例子中,采购轴承的人第二个反应肯定也是:"一定是哪里出了问题。难道目前的市场状况和我之前采购轴承时不一样了?我还是不要急于决定,先和对方说需要回去报告委员会,再向其他供应商核实一下情况吧。"

如果第一次开价就被对方接受,任谁都会有这两种反应。就好像你儿子过来问你:"今天晚上可以用你的车吗?"而你的回答是:"没问题,儿子,随便开。玩得开心哦!"这时他肯定会想:"早知道就多要点儿东西了。说不定还能要10美元去看电影呢。"但接着他又会觉得:"什么情况?他这么简单就同意我出去玩了?难道有什么事瞒着我吗?"

这个原则说来简单,可在真正进行谈判时,却又很容易被忘记。对于对方的反应,你可能已经形成了一个思维定式,但这种做法其实是很危险的。拿破仑曾经说过:"作为指挥官,最不可饶恕的行为就是'先入为主'——毫无依据地假定敌方会采取某种行动。"因此,当你以为买家会还你一个低得离谱的价格时,事实或许会让你大跌眼镜,对方的条件可能比你的设想合理得多。举几个例子:

- 假设你正向一家连锁百货推销吸尘器。你知道对方会收取劳动节促销传单的广告经费,据你预测,这笔费用大概是2.5万美元,但你手头只剩下2万美元了。而你没想到的是，对方最后竟只开价1万美元。若是你急着在2万美元就成交，毫无疑问对你将会是很大的损失。
- 假如你要向医院推销MRI（核磁共振成像）设备。虽然标价120万美元，但你通常的成交价是90万美元。想为医院供货的同行不计其数，所以你理所当然地认为只有把价格压到最低才能争取到这笔业务。于是你告诉自己，院方能开到80万美元就很不错了。然而，医院的报价却是95万美元，这让你大吃一惊。同样地，如果操之过急，后果可想而知。
- 假如你从事汽车租赁行业，近期正努力接洽一家大型工程公司。终于，这家公司向你发出了邀约。他们需要租用300辆轿车和400辆轻型卡车。你也做好了为他们降6个百分点的准备。出乎意料的是，对方只要求你优惠4.5个百分点，而你却差点儿就抢在对方之前主动降价。

因此，优势谈判高手往往十分谨慎，不会轻易松口，以免让客户产生这样两种反应：

- 我本来可以做得更好。（下次我一定能把价格压得更低。有经验的客户或许不会直接表达出挫败感，但他一定会在心中暗暗起誓："下次再遇到这个销售，我一定要态度强硬，绝不让他占一点儿便宜。"）
- 一定是哪里出了问题。

拒绝第一次报价有时会很难。尤其是当你已经和买方周旋了好几个月，准备放弃的时候，对方突然抛出一个报价，这时你很可能会把它看作救命稻草，一口答应下来。如果真的遇到这种情况，一定要牢记，千万不要过早答应对方的条件。

很多年前，我曾在南加州一家房产公司任总裁，公司共有28个办事处、

540位销售人员。有一天，一名杂志社的推销员来到公司，向我推销他们杂志上的广告位。我很熟悉那家杂志，也有意在上面刊登广告，所以知道这次机会很不错。对方的报价也很合理，只要2000美元。可由于享受谈判的过程，我还是不由自主地运用了一些谈判技巧，最后把价格压到了800美元。试想一下我当时的内心活动。没错，我在想："天哪！我这才只用了几分钟就把价格从2000美元砍到了800美元，要是接着和他谈判下去那还了得！"这时，我就用到了中场策略中的"更高权威"一法，对他说："听起来确实不错，不过我需要征求一下委员会的意见。今晚刚好有一个集体会议，我会转告他们，有结果了再给你答复。"

第二天，我给那位推销员打电话，说道："现在事情有点儿尴尬，我本以为委员会可以接受800美元的版位费，可结果却发现自己很难说服他们。最近公司上下都在为预算发愁。他们倒也开了价，但这个报价实在太低了，我都不好意思告诉你。"

许久的沉默过后，电话那边再次传来销售员的声音："他们准备给多少钱？"

"500美元。"

"好，成交。"话音刚落，我突然有一种被骗了的感觉。明明我已经把价格从2000美元谈到了500美元，但我仍感觉做得不够好。

关于这件事，其实还有一个后话。在培训课上，我通常不愿意讲类似的真实案例，因为担心会传到当事人的耳朵里。这件事情发生几年后，我在圣地亚哥的加州房地产经纪商大会（California Association of Realtors）上提到了此事。可我怎么也没想到，那位杂志推销员当时就站在后排。演讲结束后，眼看他挤过人群向我走来，我心想这一顿臭骂是免不了了。

可没想到他居然握住了我的手，微笑着说："我终于明白问题出在哪儿了，实在太感谢你了。我以前总是急于成交，却从未考虑过这种做法对客户造成的影响，以后我再也不会这么心急了。"

过去，我曾坚信"绝不接受第一次报价"这条原则适用于任何情况，直到听说了一件事。这件事发生在洛杉矶一位房产公司经理的身上，他说："昨晚，我在好莱坞大道上开车，刚好在听你讲课的录音带。中途我在一家加油站停下上了趟厕所。等我再回到车上时，突然有人用枪顶着我的肋骨，说：'哥们儿，钱包给我。'由于我刚听过你的演讲，所以我说：'这样吧，我可以把现金都给你，但钱包和信用卡留下总可以吧？'那人吼道：'听不懂我说的话吗？把钱包给我！'"我承认，遇到这种极端事件时，一定要立刻按对方说的来办。但在绝大多数情况下，还是要记住，万万不可接受对方的第一次报价。

应对策略

若不想直接接受对方的第一次报价，可以通过诉诸"更高权威"加以应对。时刻告诫自己："无论对方报价如何，我都不可以当即接受，必须先征求委员会的意见。"

要点回顾

- 永远不要接受对方的第一次报价。这种做法只会让对方产生两种想法："我本来可以做得更好（下次要压得更低）"和"一定是哪里出了问题"。
- 先入为主是最不可取的。不要过早预设对方的反应，即便对方的态度出乎意料，也要保持冷静。做好充分的心理准备方能随机应变。

第 **7** 章
学会表现惊讶

在听到买方的报价后,优势谈判高手会马上表现出一脸惊讶。

比方说你身处某个度假胜地,正站在一位画家身边看他作画。由于画上没有明码标价,你便前去询问,画家的回答是 15 美元。如果你听完没有感到吃惊,他就会接着说:"上色另收 5 美元。"这时若你依旧没有表现出惊讶,他又会说:"包装纸箱也要另外收费。"

或许你身边有这么一种人,他们从不会被价格惊到,因为那让他们感觉很没面子。比如,他们走进商店,询问店员:"橱窗里那件大衣多少钱?"在得到"2000 美元"的答复后,也只是从容地说一句:"不贵!"而优势谈判高手听到这种报价时的反应几乎赶得上心脏病发作了。

我知道这听上去有些好笑,可事实就是,买方给出报价时,往往只是想观察你的反应。他们本来就没指望你会接受这个报价,只不过是随便抛出一个价格,然后静观其变罢了。这样的例子比比皆是。

- 假如你是一名电脑销售员,客户问你能否延长保修期。

- 假如你是一名汽车销售员，卖车时客户不但让你送他脚垫，还要求满油提车。
- 假如你经营建筑用材，承包商提出让你免费送货上门。
- 假如你出售传真机，客户要求附赠一整年的用纸。

以上这些情况，对方可能根本没有想过你会接受他们的条件，但如果你没有对他们的要求表示吃惊，他们自然会想："说不定他真有可能答应呢。我从没想过他会接受，不过既然他一点儿都不惊讶，我不妨继续加码，看他到底能让步多少。"

而作为旁观者，一旦看穿他们心里的小九九，再观察双方谈判就会变得十分有趣。是不是想想就令人激动？难道你不想知道客户和你谈判时都在想什么吗？在进行"优势谈判的秘诀"系列培训时，我会把学员分成几个小组，让他们分别练习我所讲授的谈判技巧。我会为每组设定一个谈判情境，通常和学员自己所在的行业有关。对于医疗器械销售人员，我会派给他们向医院推销激光手术设备的任务。如果有成员经营印刷公司，我就会安排他们收购郊区一家小型印刷厂。

一般情况下，我习惯把学员分成买方、卖方和裁判。其中裁判是最有趣的角色。由于参与了买卖双方的会前准备，他们在谈判开始前就已经摸透了双方的底牌。他们知道开价会是多少，也清楚双方最终愿意做出多大的让步。比如小型印刷厂最低可以接受70万美元的收购价，但他们的首次开价可能高达200万美元。而收购方则会从40万美元谈起，但在万不得已的情况下，他们也愿意给出150万美元。这里的40万—200万美元，我们称为谈判范围。而双方真正可接受的范围则是70万—150万美元。

谈判一开始，买卖双方都会设法让对方先行报价。可毕竟得有一方主动破冰，所以卖方可能会首先报出200万美元（也就是他们的定价上限）。

他们也知道这个价格高得离谱，甚至差一点儿就没敢报出口。本以为自己的报价会引来对方一片嘲笑，可没想到的是，买方竟没有丝毫吃惊的表现。在卖方看来，对方肯定会说："多少钱？我看你是疯了吧！"而事实上，买方的反应要冷静得多，可能只是说："我们不太能接受这个价格。"看似简单的一句话，却改变了整场谈判的走向。就在上一秒，200万美元还显得那么遥不可及，可转瞬之间，卖方却意识到这个价格也并非无法实现。于是他们开始想："看来应该再坚持一下，我们要态度强硬起来。说不定真的能谈下200万呢。"

通过这个例子，我想说的是，一定要让对方看出你的吃惊，毕竟我们大都相信"耳听为虚，眼见为实"。对大多数人而言，视觉上的冲击要大大强于听觉。我敢说，你的客户中至少有七成人是"视觉动物"，他们只愿意相信自己的眼睛。你一定听说过神经语言学吧。在这门学科中，人的感知分为视觉型、听觉型和感觉型（这类人更倾向于自己的感觉）。下面我将教你如何在10秒钟内判断自己属于哪一种。

现在请闭上眼睛，回想一下自己10岁时住过的房子。

这时，有的人脑海中可能浮现出了那幢房子的模样，有的人则是听到了一些声音，还有一部分人会回忆起住在那里时的感觉。

脑海中浮现房子画面的人毫无疑问属于"视觉型"。而"听觉型"的人往往会回想起一些声音，比如火车经过的轰鸣声或是儿童的嬉笑声。在这一类型中，有一部分人对听觉的依赖程度很高。比如我的朋友尼尔·伯曼（Neil Berman），他是一名心理医生，住在墨西哥州的圣达菲市（Santa Fe）。他能清楚地记得自己与所有病人面谈时的内容，但在超市偶遇时却往往认不出对方。这时如果别人向他问好，一听到熟悉的声音，他又会马上回想起来："哦，我知道了，这是那位有双重人格的病人，他还有点儿反社会倾向。"和上述两种情况不同，或许你既没有回想起任何画面，也没有回想起任何记忆里的声音，而是再一次体会到了 10 岁那年的感受。这就说明你属于"感觉型"。

而现实是，大多数人都倾向于相信自己所看到的。正因如此，听到对方给出的价格后你应当立刻做出惊讶的表情。

千万不要觉得这种反应很幼稚或是太做作，这招在谈判中往往有着神奇的效果，几乎所有第一次尝试的学员都感叹不已。一位女士告诉我，前阵子她在波士顿最高级的一家餐厅吃饭，正打算点一瓶酒，但看到标价后她顿时一惊，结果酒保当即把价格降低了 5 美元。还有一位男士说，他在买车时只是犹豫了一下，销售员就主动优惠了 2000 美元。

我有个朋友是一名职业讲师，他参加了我在加州橘郡（Orange County）举办的一场讲座，想学习一些谈判技巧来提高自己的收费标准。当时他刚刚开始全职演讲，每次的报酬只有 1500 美元。听完讲座后不久，他来到一家公司，说自己可以为他们提供内部培训。这家公司的培训主管表示："我们很期待你能来，但最多只能付给你 1500 美元。"

要是在以前，他一定会说："没问题，正合我意。"可如今，他却惊得倒吸了一口冷气，说道："1500 美元？这个价格我可做不来。"

对方皱着眉头，沉思了一会儿，说："这样吧，我们最多只能给你 2500 美元。"只是短短 15 分钟的谈判，就让我这位朋友每场多赚了 1000 美元，回报率可谓是极高了。

应对策略

如果对方率先对你的报价表达了吃惊，最好的应对办法就是给他一个微笑，并拆穿他："这招不赖啊，你是从哪里学的？"如果他告诉你就是从我这本书上学的，那你们之间马上就多了许多共同话题，不是吗？

要点回顾

- 当对方提出报价后,你要立刻表现出惊讶。他们可能并不指望你接受当前的条件,但如果你没有表现得很意外,对方就会认为所提要求在你的接受范围之内。
- 在你表现出吃惊之后,对方往往会做出一些让步。反之,如果你面不改色,对方的态度通常会变得更加强硬。
- 大可假定对方属于"视觉动物",在没有更好的应对策略时,装作吃惊基本不会出错。
- 即便不是与客户当面谈判,也要设法让对方感受到你非常吃惊。比如通话时,只是语气上的惊讶也会起到同样的效果。

第8章
扮演不情愿的卖家

本章我将教你如何扮演不情愿的卖家，以及如何对付那些犹豫的买家。现在假设你拥有一艘帆船，并且迫不及待地想要卖掉它。一开始，这艘帆船的确为你带来了不少乐趣，但现在你几乎很少去船上了，维修费和停泊费把你折磨得够呛。某个星期天的清晨，由于要到码头清洗帆船，你不得不拒绝朋友们一起打高尔夫的邀约。你一边擦洗着船身一边痛骂自己当初为何会那么蠢，竟然买了这么个东西。正当你想着"一有机会我就立马把这倒霉东西转手"时，无意间抬起头，看见一个衣着体面的男士挽着一个年轻女孩走下了码头。那人脚蹬古驰乐福鞋，身着白色休闲裤、蓝色的博柏利西装，叠搭一条丝质的领结。他的小女友则脚踩高跟鞋，身着一件丝质的紧身连衣裙，戴着大大的墨镜和超大号钻石耳环。

二人径直走到你的船前，男士开口道："年轻人，你这艘船可真漂亮，愿意卖给我吗？"

女孩也靠过来应道："哦，买下它吧，亲爱的。我们肯定会玩得很开心的。"

你感到一阵狂喜，心中高歌着："感谢主！感谢上帝！"

然而，如果表露出这种情绪，你的船就卖不出高价了。那怎样才能要个好价呢？这时就需要你扮演不情愿的卖家。你可以继续擦着船，说："虽然我没想过要卖它，不过没关系，你们可以上船看看。"你带他们参观整艘船，并在整个过程中不停地说你有多爱这艘船，开着它出海多有乐趣。最后你告诉他们："我也知道这艘船很适合你们，它肯定能给你们带来很多乐趣，但我真的舍不得卖掉它。但既然都聊到这儿了，你们最多能出多少钱呢？"

谈判高手都知道，这种"不情愿卖家"式的技巧能够在谈判开始前扩大谈判空间。如果你成功挑起了对方的购买欲，他就会在脑海中预设一个价格区间。他可能会想："我最多愿意出3万美元，但2.5万美元比较理想，如果2万美元能买到那就太划算了。"也就是说，这时对方预期的谈判范围是2万—3万美元。通过扮演不情愿的卖家，你就能扩大这个范围。如果你看起来十分急切，他可能只会给你2万美元；但如果你表现得不太情愿，对方的报价可能就会改成2.5万美元甚至3万美元。

在我认识的优势谈判高手中，有一位非常成功的投资商，拥有的房产遍布全城。他手中的房产估值约为5000万美元，扣去3500万美元的银行贷款，个人总资产大概有1500万美元。由于工于心计，此人在投资领域名号十分响亮，完全称得上是个大人物。和许多投资者一样，他的策略很简单：在价格、条件合适时购买房产，持有一段时间，等它升值，然后再以更高的价格卖出。有许多小投资者向他发出收购邀约，渴望购入一套较为知名的房产。每当这时，这位经验丰富的商人就会扮演起"不情愿的卖家"。他会一言不发地读完对方的报价单，再顺着桌子滑回去，沉思许久后再缓缓开口："我不知道。其实在所有房产中，我对这一套有着特殊的感情。我一直想着把它留下，送给我的女儿作为大学毕业礼物，所以除非价格很合适，不然我真的舍不得卖。请你理解，它对我来说的确意义不凡。不过你愿意为它出价我还是很开心的，所以为了公平起见，也为了不浪费你的时间，请问你最高能开到什么价？"正是通过扮演不情愿的卖家，我见证了他一次又一次地在几秒之内就能多赚上千美元。

优势谈判高手总会在谈判开始之前就设法缩小对方的报价空间。

我本人曾经投资过一套海滨公寓，当时房主标价5.9万美元。那时的房地产市场十分火爆，我不知道房主是否着急出手，也不清楚是否有其他意向买家。于是我写了三份报价，一份是4.9万美元，一份是5.4万美元，还有一份是5.9万美元。随后我约了卖家见面，当时他已经搬出长滩（Long Beach）的这套公寓，到帕萨迪纳市（Pasadena）住下了。一番交谈过后，我可以确定没有其他买主，且对方卖房心切。于是我把手伸进公文包，拿出了最低的那份报价单。不出所料，他当即接受了我的报价。几年后，我卖掉了这套公寓，成交价高达12.9万美元。

优势谈判高手在售出东西时总是会表现得不那么情愿。运用这一策略，他们在谈判开始之前就能将对方的谈判空间挤压到最低限度。

现在让我们换个角度，站在买家的立场上思考一下。假设你和谈判桌的另一头暂时调换了角色，现在是一名采购员，你该怎样让对方销售员把价格降到最低呢？如果是我，我会让她先到我的办公室，做例行的产品演示，然后用一切我能想到的问题"轰炸"她，最后，当实在没有问题要问了时再对她说："非常感谢你的介绍。看得出你为这次演示投入了许多精力，只可惜它和我们想要的还是不太一样，但不管怎么说，我还是祝你好运。"听罢此话，对方的神情一定会无比沮丧。她开始一件件收拾自己的资料，准备离开这个伤心地。而就在最后一刻，当她已经握上门把手准备离开时，我会突然换上一副神奇的表情。（谈判中有一些特定的表情，如果使用恰当，往往能够得到你预料之中的反馈。）叫住她以后，我会说："真的很感谢你愿意花这么长时间为我介绍。我想还是对你公平一点儿吧，你能接受的最低价是多少？"

即便在这个时候，相信你也会认为，对方回答的第一个报价未必就是最低价。在这种情况下，那位推销员给出的第一个数字，我叫它"理想价格"。也就是她希望买方可以接受的价格。这时，如果我真的一口答应下来，她可能就会一路狂飙冲回办公室，在同事面前边跳边喊："你们绝对想象不到刚才发生了什么！我刚才去了某某公司，竞标他们新总部打算采购的一批设备。看完提案以后他们问：'你能接受的最低价是多少？'当时我感觉氛围不错，就说除了批发以外没有任何优惠，22.5万美元已经是最低价了。接着我就不吭声了。结果对方的采购员竟然说：'确实有点儿高，但既然已经是你们的最低价了，那就这么定了吧。'我简直不敢相信自己的耳朵！咱们提前下班好好庆祝一下吧。"这就是为什么我把对方的第一次报价称为"理想价格"。

除此之外，还有一个"放弃价格"，也就是卖家完全不能接受的价格。由于不知道这个"放弃价格"到底是多少，买方需要通过不断试探来摸清对方的底线，也就是运用一些谈判技巧来找出销售员真正的"放弃价格"。

即便买主表现得不情愿，卖方也不会直接从"理想价格"降到"放弃价格"。因此，一般情况下，当买家显得不情愿时，对方通常会选择放弃一半的谈判空间。也就是说，如果这位销售人员的底线是17.5万美元，比第一次报价低5万美元，这时她往往会告诉对方："实话告诉你，现在是季末，大家都在拼业绩。如果你今天就下单，我愿意给你一个前所未有的低价，20万美元。"这说明，面对买主的不情愿，她放弃了自己一半的谈判空间。

应对策略

如果遇到不情愿的客户，你可以说："价格方面我已经压到最低了，但如果你愿意告诉我你的心理价位（让对方先亮出底牌），我会请示一下上司

（诉诸'更高权威'，我会在中场策略中讲到），尽力为你争取一下（终局策略中的好人/坏人法）。"优势谈判高手不会因为买/卖方的不情愿而灰心，因为他们比对方更能玩转这些谈判策略。

要点回顾

- 作为卖方，一定要表现出不情愿。
- 小心那些不太情愿的买家。
- 这一招能让你在谈判开始前就把对方的谈判空间压到最低限度。
- 只要表现出不情愿，对方往往就会放弃一半的谈判空间。

第9章
着眼谈判本身

  在谈判的开局阶段,一定要把注意力集中在实际问题上,不要被对方的任何举动分散精力,这一点非常关键。

  在网球比赛中,有一些很情绪化的球星,比如约翰·麦肯罗(John McEnroe),他会在球场的另一端上蹿下跳。看到这样的场景,你可能很是疑惑:"怎么有人能受得了和这样的球员交手呢?打比赛要求注意力高度集中,他这样做好像对对手不公平吧。"

  其实没有关系,这是因为优秀的网球运动员都知道,真正影响比赛结果的因素只有一个:网球在球场上的运动轨迹。只要时刻关注球的位置即可,对手在做什么并不重要。所以,优秀的网球运动员会把精力完全集中到网球上,而不是去关心对方做了什么。

  同样,在谈判这场比赛中,你应当关注的重点是谈判桌上的博弈,因为只有谈判内容本身才会影响最终的结果。但在实际谈判过程中,大多数人往往会被对方的某些行为所影响。

  还记得有一次,我计划收购加州信号山(Signal Hill)的某大型房地产项目，该项目共有18栋大楼，每栋楼有4个单元。该项目的所有者是一群不动产投资商。对方的报价是180万美元，但我内心的价位远低于这个数字。当时一家房地产经纪公司向我推荐了这个项目，提出可以帮我收购。于是我觉得有必要让他们代我先行提出报价，这样一来，如果对方投资商无法接受120万美元的价格，我还有机会找他们直接进行谈判。

那家经纪公司起初十分抗拒，认为120万美元实在太低了，比对方的要价整整低了60万美元。可最后我还是说服了他们，于是经纪人就带着这个报价去找投资商了。这里他犯了一个战术性的错误，他就不该去找投资商，而是应该让对方来见他。毕竟，在自己权力范围内进行谈判意味着掌握了更多控制权。

几个小时后，经纪人回来了，我问他："谈得怎么样？"

"可怕，太可怕了。我实在是太尴尬了。"他告诉我，"我去了一间大会议室，所有的投资商都在那里翻看我的报价单。他们的律师、会计、经纪人全都在场。我本来打算用沉默成交那一招（谈判双方都保持沉默，看哪一方先沉不住气），但问题是，根本没法沉默。我刚报出120万美元，他们立刻说：'等等，你一开口就低了60万美元？这简直是对我们的侮辱！'接着就全部起身，怒气冲冲地走了。"

我问他："还发生了别的什么事吗？"

他答道："倒也有。其中几个人走到门口又停下了，跟我说：'最低150万美元，一分都不能再低了。'总之场面很可怕！千万别再让我去报那么低的价格了。"

我说："等等，也就是说，你只用了5分钟，就让他们降了30万美元。难道你对这个结果还不满意吗？"这个经纪人正是被对方的举动分散了注意力，从而忽略了交易本身。

有位客户给我讲过一个很有趣的故事，说他在谈判中是怎样被转移注意力的。据他所说，许多年前，他的公司扩展成了一家大型新式工厂，他为此感到十分自豪。工厂搬迁后，旧仓库却迟迟没能找到买主。开始时仓库的标价是330万美元，但收到的唯一出价只有90万美元，无奈之下，他只能勉强接受了。然而就在交易的最后一刻，对方却突然反悔，他只好重新寻找买家。

几周后，一个朋友告诉他，有家公司刚好在找仓库，愿意以300万美元的价格买下他的旧仓库。带新买家参观仓库时，他解释说所有的金属办公桌和储物柜都可以免费赠送，但木质办公桌除外，因为他打算把它们搬到新厂房里。买家当时同意了，但之后却坚持说，我这位客户曾承诺把所有办公桌都送给他。

买家的话让我这位客户大为光火。双方为此争执不休，眼看这笔交易就要泡汤。幸运的是旁观者清，他的哥哥把他叫到一边，说："听着，这是你的仓库，你想怎么处理就怎么处理。但我想提醒你的是，上个星期你差点儿就以90万美元把它卖掉了。现在有人愿意出300万美元，你却为了几千美元的旧桌子跟对方吵个不休，要把人赶走。"一语惊醒梦中人。我的这位客户当即大方地做出让步，同意把木质办公桌也一并赠予买家。

不难看出，人们总是容易被对方的所作所为迷惑，而忘记了着眼于谈判本身。一名全职的专业谈判高手，比如国际谈判专家，绝不会因对方玩弄花样而终止谈判。他或许也会愤然离席，但那一定是出于战略考虑，而非情绪使然。

你永远无法想象，一位高级武器谈判专家会叫停与俄罗斯的谈判，对总统说："那些家伙太不讲理了。不能相信他们，他们肯定不会遵守诺言的。我实在谈不下去了，简直让人忍无可忍。"对于优势谈判高手而言，这种情况绝不可能发生。因为他们只着眼于谈判本身，而不是考虑对方人品如何。你应当关注的是谈判进行到哪一步了，与1小时前、昨天甚至上个星期相比，取得了哪些进展。

美国前国务卿沃伦·克里斯托弗（Warren Christopher）曾说："谈判时难免会冒火，你只需要学会控制自己，并把发火当作一种谈判战术。"然而，如果你过于情绪化，甚至完全失控，输掉这场谈判也将成为必然。

许多销售人员都会犯这样的错误。一旦弄丢一笔订单，在向经理汇报时他们就会说："这笔订单泡汤了。没必要再浪费时间试图补救了。我已经尽了最大的努力。哪怕还有一丝机会，我也不会搞砸这笔生意的。"

这时经理会说："那好吧。不过出于礼貌，我还是给他们打个电话问候一下吧。"经理的反应之所以更为冷静，并不是因为他比销售员更聪明或是思维更敏捷，而是因为他没有亲临谈判现场，没有搞砸订单时的感受。我的建议是，不要过于感情用事，始终牢记着眼于谈判本身。

应对策略

即便情绪无法消解，也要学会将其转化成一种谈判战术。比方说你去拜访自己最喜欢的一位客户，他是一家小型零售连锁店的采购员。通常你们的交流过程都很开心，但这次不同。这次，你一进门，他就立刻冲你大发雷霆。他把一张报纸举到你面前，用力挥舞着，以至于你根本都看不清他到底在表达什么。听他咆哮了好几分钟后，你终于明白了问题所在。他的一位竞争对手在广告中以极低的价格出售你的热门产品，他认为一定是你给了对方更低的折扣价。此时，他的行为会引起你这几种反应：

- 天哪！我被冤枉了！
- 真不敢相信他把这事扯到我身上！
- 笨蛋！我明明给他报过同样的价格，结果被他拒绝了。
- 绝不能因为这事弄丢这个客户，不然麻烦可大了。

然而，上述种种都不是一名优势销售谈判高手应有的反应。你应当冷静地思考一下：这只是他的一个谈判战术罢了，他并没有真的生我的气。他之所以这样做，一定是想从我这里得到点儿东西。可他到底想要什么？我又该做何反应呢？只要把对方的过激行为看作某种蓄意而为的谈判策略，你就能避免变得过度情绪化，从而继续着眼于谈判本身。

要点回顾

- 如果客户与你发生冲突，切记把注意力放在谈判本身，不要过多在意对方的人品问题。
- 冷静下来，问问自己，他这样做的目的是什么？我该怎样让他停止这种行为呢？
- 一定要着眼于谈判双方当前达成的具体金额。卖家之所以会动怒，或许是因为这笔生意比你想象的更重要。
- 记住沃伦·克里斯托弗的警告："谈判时难免会冒火，你只需要学会控制自己，并把发火当作一种谈判战术。"如果你过于情绪化，甚至完全失控，输掉这场谈判也将成为必然。
- 你应当关注的是与1小时前、昨天甚至上个星期相比，谈判取得了哪些进展。

第10章
钳子策略

销售谈判开场策略中的最后一招，我称为"钳子策略"。意思很简单，你只需要告诉对方："你们必须做得更好一些。"现在让我们看看优势谈判高手都是怎么运用这一技巧的。假设你现在是卖方，客户已经听完了你的产品介绍和价格结构。尽管对方多次表示和目前的供货商合作很愉快，但你没有因此放弃，并成功说服了他们。最后，对方表示："我们确实对现在的供应商很满意，不过再找一家后备厂商也没什么坏处，还能给他们增加一点儿竞争压力。如果你愿意把价格降到每磅1.22美元，我们可以先预购一卡车。"

这时，钳子策略就该登场了。你只需冷静地回答："抱歉，你们得给个更好的价格。"

如果对手十分老到，可能马上反问你："那多少算是更好的价格呢？"他们这样做其实是在逼你给出具体的数字。但多数情况下，被你这么一激，那些不够老成的买家就会立刻做出很大的让步。

那么，说完"你们必须做得更好一些"之后又该做什么呢？

答案是什么也别做。立刻闭嘴，一个字也不要多说。买方很可能当即就会做出让步。一些培训讲师会把这种情况叫作"沉默成交"。我敢肯定，早在你进入销售行业的第一个星期，就有人教过你这一招。你只需亮出报价，然后一个字都不必多说。由于客户可能直接同意，所以在明确对方意向之前，多问一句都显得多余。

我就曾亲眼看着两个人进行了一场沉默成交。当时我们三人围坐在一张圆形会议桌前，我右边的采购员想从左边销售员那里购入一块地皮。他提出报价后立刻闭上了嘴，非常完美地照搬在培训学校学到的方法。这时，左边经验比较丰富的销售员肯定在想："真没想到，这小子居然和我来这招，看来我得好好教训一下他。沉默成交是吧？那我也不说话了。"

于是，我就眼睁睁看着这两个倔强的人大眼瞪小眼，都等着对方先开口。我完全不知道这种局面还要持续多久。屋子里一片死寂，只有身后的古董落地钟在嘀嗒嘀嗒地响着。显然，他们二位很清楚对方在较什么劲，并且哪一方都不甘示弱，而我只好静静等着他们下一步做出举动。

虽说只过去了5分钟，但我仿佛觉得有半个钟头那么久，如此沉默的场面实在让人度秒如年。最后，还是那位更有经验的销售员打破了僵局。他在一张纸上潦草地写下"决定？"，然后把字条推给了对方。但是，狡猾的他故意把"决定"这个单词拼错了。年轻的采购员看到字条，马上脱口而出："你把'决定'拼错了！"一旦开了口，他就再也收不住了。（你是不是也见过这样的采购员？一逮到说话的机会，就停不下来了。）这位年轻的采购员接着说道："如果你没法接受我刚刚的报价，我可以再加2000美元，但是一分都不能再加了。"他甚至还没搞清楚对方能否接受，就主动调整了自己的报价。

所以，在使用钳子策略时，无论对方是报价还是还价，优势谈判高手都只需回一句"抱歉，你得给个更好的价格"就行，不必再多言。

一位客户在听完我为经理们举办的"优势谈判的秘诀"培训后，主动给我打来电话，告诉我："罗杰，我们刚刚用你教的谈判策略赚到了 1.4 万美元。情况是这样的，我们正在为迈阿密的办公室添置新设备。正常流程是选三家供应商比较报价，然后选择价格最低的那一家。我大致看过了三份报价单，正准备接受其中一家的报价，突然想起了你之前说过的钳子策略。我转念一想，试一试又没有什么坏处，于是就在报价单上草草写下了'你得做得比这更好'，然后把报价单寄了回去。当我再次收到他们的报价时，价格居然整整优惠了 1.4 万美元。"

你可能会想："罗杰，你没说具体的报价呀。如果总价只有 5 万美元，那 1.4 万美元的确是个很大的让步；但如果是几百万美元的大生意，那点儿优惠也没什么了不起的。"记住，不要只盯着百分比，到底优惠了多少才是你应该关心的。关键在于，他只是简单地写了几个字，就在 2 分钟内赚到了 1.4 万美元。这样算来，也就是说他每小时能为公司创造 42 万美元的利润。这可是笔大数目了。

假设你给买家让价 2000 美元，不论这笔生意是价值 1 万美元还是 100 万美元，这 2000 美元终归都会给别人。所以，你不应该以此为借口，对经理说："我把价格降低了 2000 美元，但这毕竟是 10 万美元的大生意，这点儿让步无所谓吧？"正确的做法是，扪心自问："现在谈判桌上摆着 2000 美元，我应该花多少时间来争取这笔钱呢？"

试着估算一下你的时间值多少钱。千万不要花上半小时去谈一件只值 10 美元的东西（除非你只是在做谈判练习）。即便对方最后把这 10 美元全都让给了你，折合成 1 小时你也只赚到了 20 美元。也就是说，如果你每年赚 10 万美元，平均到每小时大概也就 50 美元。所以在谈判时，不妨思考一下："我现在所做的事情每小时能赚到 50 美元吗？"

问题的关键就在这儿。现在你眼前摆着一笔生意，但你却在犹豫，不知道值不值得继续谈下去。这种情况下，你每小时所能赚到的绝对不止50美元。绝对不止！你可能只用1分钟就能赚到50美元，有时甚至只要1秒钟。

如果这还不能说服你，那么别忘了，通过谈判多赚到的每一笔钱都是一份额外收入。这和总销售额有很大的区别。也就是说，为了保住一笔生意而主动放弃的那2000美元，可能抵得上你谈成好几笔订单的提成了。我曾培训过许多折扣零售店和医保组织（HMO）的高管。这些行业中，利润通常只有销售额的2%。他们每年会谈10亿美元的生意，却只能拿到2000万美元的收入。因此在这些公司，从销售员的利润角度看，在谈判中让掉2000美元和丢掉一笔10万美元的大单损失相当。

或许你所在的行业收入情况更可观一些。在我培训过的公司中，也有利润高达25%的特例，但这终究只是极少数的。在美国，销售人员的平均利润只有5%左右。因此，你让出的2000美元大约是一笔4万美元的交易的利润。那么我想请问：你愿意花多久去争取一笔4万美元的订单呢？1小时？2小时？一整天？关于这个问题，许多销售经理给我的答案是："4万美元的大买卖啊！只要能拿下这笔订单，让员工跟多久都值得！"无论工作有多忙，我相信你都会愿意花上几个小时去争取一笔价值4万美元的生意。既然如此，你在谈判时又为何要那么轻易地让掉2000美元呢？如果你所在行业的平均利润也是5%，那么就个人收入而言，这2000美元和一笔4万美元的订单的利润是一样的啊！

所以我才会说，通过谈判得来的每一分钱都是一笔额外收入。无论你有没有外科医生之类高收入的副业，这个世界上再也没有比谈判更快的赚钱方式了。

所以每当收到报价时，优势谈判高手总是会告诉对方："你得给我一个更好的价格。"

应对策略

如遇客户采取这一策略时,可以立即反问对方:"那多少算是更好的价格呢?"以此逼迫对方给出具体的数字。除非对方明确了具体的底价,否则千万不要轻易向客户让价。

要点回顾

- 无论面对报价还是还价,都可以使用钳子策略,告诉对方"你得给我个更好的价格"。
- 如果对方用该策略对付你,你应该立刻反问"那多少算是更好的价格呢",这会使对方不得不给出一个具体的数额。
- 把精力放在具体的谈判金额上,不要被交易的总额迷惑,转而纠结百分比。
- 通过谈判赚来的每一笔钱都是额外收入。一定要把自己的时间价值具体到小时数上。
- 成为优势谈判高手后,你会发现世界上再也没有比谈判更快的赚钱方式了。

好了,现在你已经学会所有优势谈判的开局策略了。在谈判初期,运用这些技巧可以为达成双赢的谈判结果做好铺垫。接下来,我会教你谈判进入中场后需要用到的一些策略。

第3部分

中场销售谈判策略

第 11 章
更高权威法

谈判时，如遇对方表示自己必须请示上级才能做出最终决定，或许你会感到十分沮丧。除非你能看出这只是对方用来对付你的谈判策略，否则你会觉得自己永远没有机会与真正的决策者接触。

我还在房地产公司任总裁时，经常有许多销售人员前来推销产品，他们卖的东西各种各样，有广告、复印机、计算机设备等。每当这时，我便会用尽浑身解数把价格压到最低。然后我会告诉那个推销员："看起来不错，不过我得先向董事会汇报一下，明天给你最终答复。"

第二天，我会告诉这个推销员："现在的董事们可真难对付啊。我原以为他们会接受我的建议，可他们却非要你把价格再降几百美元。"这时，对方通常都会选择让步。其实我根本不需要向董事会汇报，也从来不觉得这是一种欺骗。因为对方和你一样清楚，这种做法不过是一种谈判技巧罢了。

也就是说，如果客户表示需要上报某个委员会，他很可能是在撒谎。但不可否认的是，此举的确是一种非常有效的谈判策略。下面让我们先具体了解一下该策略，之后我会讲到面对这一策略时你该如何应对。

在一场谈判中，人们往往希望自己拥有最终决定权。乍看，说出"这笔交易的决定权在我"，会给人一种运筹帷幄之势。因此，每次谈判前你总想对上司说："把这笔订单全权交给我吧，让我来敲定最终的成交价。"

可在优势谈判高手看来，正是这种做法使你在谈判中处于弱势地位。正确的做法是，在决定让步或最终敲定前，你应当诉诸一个"更高权威"。那些宣称拥有最终决定权的谈判者，实则一开始就已将自己置于不利位置。这的确得要你撇开自我，但作为回报，你会发现该技巧在谈判中极为有效。

其实道理很简单：一旦对方发现你是最终的拍板人，其实也就意味着他只要说服你就可以了。既然你有最终决定权，他就无须一直让步。因为只要你一点头，就表示这笔交易已经板上钉钉了。

可如果你告诉对方需要请示上司，情况就会大不相同。无论你所谓的更高权威是区域代理、公司总部、管理层、合伙人还是董事会，对方都会不遗余力地说服你。因为他知道，只有报价足具吸引力，才可能得到你上司的批准。他还知道，为了说服你的上司，他首先必须彻底说服你。

需要注意的是，为使这一策略最大限度地发挥作用，你所提到的更高权威最好是一个模糊的实体，比如某个委员会或者董事会。你真的见到过银行所谓的借贷委员会吗？反正我没见过。我的学员中有一些银行家，他们总是对我说，如果贷款金额低于50万美元，信贷部门的职员有权直接放款，无须请示借贷委员会。信贷员们很清楚，如果他告诉你"我已经请示行长了"，你就会说："好的，那我们现在去见行长吧，直接把这事定下来。"可如果他给出的是一个模糊的实体，这种情况便不会发生。

所以，在使用更高权威策略时，切记只能给出一个模糊的实体，例如营销委员会或是远在总部的上司。如果你对买方说，在做决定前，你需要先请示你的经理，猜猜他的第一反应会是什么。没错！他会想："那我为什么还要和你在这儿浪费时间？如果最终拍板的是你的经理，那直接让他来和我谈吧。"而当这里的更高权威是一个模糊的、集团化的实体时,对方便不会做此要求。在和那些推销员交涉时,我总对他们说决定权在董事会手里,这么多年来只有一位真的问过我:"那你们什么时候召开董事会议呢?我什么时候能直接给他们做演示?"

这时你可能打起了退堂鼓:"罗杰,我没法用这种策略。我有一家经销电气设备的小公司,大家都知道我就是老板,我并没有上司。"

此言差矣!我也拥有自己的公司,可在做出某些决定之前,我同样需要征求一下相关部门负责人的意见。

如果有人让我为他们公司做一次培训,我会说:"听起来不错,但我想先和我的营销人员商量一下,好吗?"所以,如果你是老板,公司内部的相关负责人便是你可以诉诸的那个更高权威。

在了解了更高权威策略的诸多效力后,让我们看看你的客户可以通过这种策略为自己争取到哪些好处:

- 只要一句"这个价格恐怕很难向委员会汇报",他们便能向你施加巨大的压力,同时又不会引发对抗情绪。
- 这种策略可以让你情绪瞬间失控,因为当你意识到自己其实接触不到真正的决策者时,作为谈判者你自然会感到无比沮丧。
- 通过虚构出一个更高权威,他们便能免于做出最终决定的压力。

在做房地产经纪人的时候,我会嘱咐代理们,在引领客户参观房产之前,一定要问对方:"我想明确一下,假设我们今天就找到了完全符合您要求的房子,是否还有什么其他因素会影响您购入呢?"客户可能会将其解读为一种压力,觉得是代理们要求他迅速做出决定。但事实上,代理们只是为了事先排除客户诉诸更高权威的可能性。如果少了这一步,客户通常会推迟决定,说:"我们今天还不能做决定,因为房款有一部分是由

55

哈里叔叔承担的，所以我们必须先征求他的意见。"
- 会给客户制造使用钳子策略的机会："想要说服委员会，你得给我一个更好的价格。"
- 这意味着你必须先争取到客户的肯定，然后才有机会得到"上级"的批准。
- 他们可以通过一种间接的方式来传达自己的要求："如果价格能再降低10个百分点，你就有可能争取到我们委员会的批准。"
- 这能迫使你进入一场竞标大战："委员会要我找5家公司来竞标，听他们的意思，应当会选择报价最低的那家。"
- 客户无须透露你的竞争对手，就能让你主动压低价格："委员会将在明天的会议上做出最终决定。我知道他们已经接到了一些非常低的报价，所以我们的这次会面几乎毫无意义，不过如果你能给出足够低的报价，说不定还会有机会。"
- 客户还可通过该策略进一步使出好人／坏人策略："如果由我做主，我肯定会选择跟你做生意，可委员会那些斤斤计较的'账房先生'只关心价格。"

应对策略

现在，相信你已经明白了为什么客户总喜欢使用更高权威策略。不过，优势谈判高手对这一招早已应对自如。具体方法如下：

先发制人。 首先，在谈判开始前，你应当设法让对方承认，只要条件合适，他就能直接做出最终的决定。也就是上文中我嘱咐房产代理们的那些话："我想明确一下，假设我们今天就找到了完全符合您要求的房子，是否还有什么其他因素会影响您购入呢？"这就好比大多数汽车经销商在试驾前会先问客户："我想确认一下，如果您真的对这辆车非常满意，是否还有其他原因让您无法立刻订购呢？"因为他们知道，如果不事先问清楚，一旦敦促客户做决定，对方很可能会临时虚构一个更高权威作为拖延的借口。

所以，在正式报价甚至是把提案从包里拿出来之前，你应当假装不经意地说："我不想给你压力（这句话的隐藏含义是让对方做好接受压力的准备）……但为了节省双方的时间，我还是直说了吧。我想先确认一下，如果我的报价方案能够满足你的所有要求（这句话其实非常宽泛），是否还有其他原因让你无法立刻就做出决定呢？"

这时对方可能会毫无顾虑地表示同意，他会觉得："满足我的所有要求？那没问题（这句话本身就有很大的解释空间）。"可如果对方真的回答"没问题，如果报价真的能满足我的所有要求，我们当场就可以成交"，你会得到什么呢？

- 你免去了对方进一步思考的权利。如果对方说自己需要再考虑一下，你就可以告诉对方："好吧，那我重来一遍，肯定是我有什么地方没有说清楚，因为我记得你刚刚说今天就可以做决定的。"
- 同时也免去了对方诉诸更高权威的权利。这样一来他就没法再说"我想先让相关部门研究一下"了。

一定不要放弃。如果没能阻止对方诉诸更高权威，你又该怎么办呢？相信你肯定遇到过这种情况：你问客户能否今天做出决定，对方立即回答道："非常抱歉，这种规模的采购项目必须得到委员会的批准。我需要先给他们过目，才能做出最后的决定。"

当无法阻止对方诉诸更高权威时，优势谈判高手通常会采取以下三个步骤：

第一步，激发对方的自我意识。优势谈判高手会微笑着问对方："但他们都很重视你的看法，不是吗？"这时，一些自我意识较强的客户会说："是的，我想你说得没错。只要我喜欢，你基本就可以放心了。"但在大多数情况下，你会被告知："没错，他们一般都会听从我的建议，但这并不代表我可以越过汇报这一步。"

如果你发现谈判对象比较自我，一定要利用这一点，先发制人。你不妨问他："你觉得你的上司会批准我的报价吗？"他往往会立刻骄傲地告诉你："我不需要任何人的批准。"

第二步，设法让对方承诺会在委员会面前积极推荐你的产品。你可以说："你会给他们推荐我的产品的，对吗？"理想情况下，对方会说："看起来不错。我会努力帮你争取的。"

在这一步中，优势谈判高手会设法让对方做出保证。此时你面对着两种可能性：要么对方答应进行积极推荐，要么拒绝。但无论如何，你的目的已经达到了。如果他肯帮你自然更好，即便是拒绝你，你也可以松一口气了。因为拒绝本身就暗示着对方有购买意向。只有真正对产品感兴趣的人，才会在意你给出的价格。如果压根儿就没打算购买，他根本就不会关心价格是多少。

我曾交往过一位热爱室内装修的女士。一天，她兴奋地拉着我来到橘郡设计中心，让我看一套小羊皮的沙发。那块羊皮算得上是我见过的最柔软的材质了。我坐在沙发上，她问："这套沙发是不是很棒？"

我说："没错儿，这沙发的确很棒。"

她说："而且只要 1.2 万美元。"

我说："这也太超值了！这样一套沙发怎么可能只卖 1.2 万美元呢？"

她问我："所以你对价格没意见吗？"

我告诉她："完全没意见！"

那么为什么我会对价格没有异议呢？因为我根本不会花 1.2 万美元去买一套沙发，无论它是什么材质的。你可以想一下：我要是真的打算购买这套沙发，对价格会不会有意见？噢，那我的意见可就大了！

拒绝本身就是有意购买的信号。我们都知道，在房地产行业，如果客户看房时只是一味地"哦，哈，嗯"，表现得好像对一切都十分满意的话，他们大概率并不打算购买这处房产。而那些真正有意向的买家会说："嗯……这厨房不够大，墙纸我也不喜欢，那堵墙我们最后可能也要拆掉。"这些人才是你真正的潜在客户。

想想看，除了一些很小的订单，你见过刚开始就对价格毫无异议的买家吗？肯定没有。因为真正打算购买的客户一定会抱怨价格。

其实被拒绝并不可怕，对方的冷漠才是大问题。我宁愿客户说："就算这个世界上只剩下你一家卖这个部件的公司，我也不会从你那儿买任何东西的……"也不想听到："我们已经有合作10年的稳定供货商了，他们做得很好，所以我不想在别的供应商身上浪费时间。"看，真正的问题不是拒绝，而是对方的冷漠。

我现在就可以证明给你看。接下来我每给出一个词，你就要说出它的反义词。比如我说"白天"，你就说"夜晚"。我说"黑色"，你就说"白色"。清楚规则了吗？那么问题来了："爱"的反义词是什么？如果你的答案是"恨"，那我建议你再仔细想想。事实上，只要对方还愿意冲你发脾气，就说明你还有机会。"爱"的反义词其实是"冷漠"。想想《乱世佳人》里的瑞德·巴特勒，当他说"坦白讲，亲爱的，我一点儿也不在乎"时，你就知道电影要接近尾声了。冷漠才是最大的难题，而拒绝其实并不可怕。拒绝本身就是有意购买的信号。

现在让我们回到上文，当你问道："你会给他们推荐我的产品的，对吗？"对方的回答只能是同意或拒绝。而这两种回答其实都意味着你的目的已经达成了，此时就可以实施你的第三步了。

第三步，有条件地成交。关于这一点我会在后续章节中详细讲解。简单来说，这种方法之所以有效，是因为它可以把一个重大决定细化成一次较小的决定。这里的条件，是指为对方保留一定的空间，例如"提案签署后，贵司的委员会仍有权在 24 小时内因为任何书面规范问题拒绝这份报价"，或是"我们再写一个附加条件吧，贵司的法律部门有权在 24 小时内出于任何法律上的原因拒绝接受该报价"。

注意，这里提到的并不是可以无条件反悔。这种说法太过空泛了，而是对方有权出于某个具体的原因而拒绝接受这份报价。如果他们把报价提交给律师，拒绝的原因就是法律方面的问题；如果交由会计师审阅，那问题就出在税务等方面。无论如何，一定要让对方指出一个具体的原因。

总的来说，当你无法阻止对方诉诸更高权威时，通常可以采取以下三个步骤：

- 激发对方的自我意识。
- 设法让对方承诺会在委员会面前积极推荐你的产品。
- 有条件地成交。

那么，如果角色转换，你的谈判对手想要阻止你诉诸更高权威时，你又该如何应对呢？假设某位客户正向你施压，要求你立即明确产品价格和装运条款。她可能会说："哈利，我很喜欢你，你就像我的哥哥一样。但毕竟我是做生意的，不是慈善家。请你现在就给我具体的报价方案，否则我只好去和你的竞争对手合作了。"

你该怎么处理呢？很简单。你可以说："简，我也想尽快给你答复。如果你想，我现在就能告诉你我的决定。但丑话说在前面，如果你逼着我立刻做决定，我恐怕只能放弃这笔生意了。但只要你给我一天时间，让我和部门负责人商量一下，或许明天就水到渠成了。所以为什么不能等到明天呢？"

一定要小心那些不断叠加的更高权威。有时你的谈判对象可能会没完没了地使用更高权威策略。你本以为交易已经结束了，可没想到对方居然还要请示上司，并且不出意料地被驳回了。你只好降低了价格，可对方又说他们副总裁不同意这笔交易。我个人认为，使用这种层层叠加的更高权威策略是非常不道德的，可在交易中往往无法避免。我敢肯定大家在购买汽车时都遇到过这种情形。比如，在简单的交涉后，你会吃惊地发现销售人员竟然爽快地接受了你提出的低价。然而，当你们在某一价位达成共识后（这时你在心理上已经决定买下这辆车了），对方就会告诉你："哦，那当然好。我现在去上报一下经理，之后这辆车就是你的了。"

你几乎感觉车钥匙都到手了。很快销售人员带着经理回来了，你还在等候室暗暗庆幸这笔交易有多划算呢。经理坐下来，看了看先前的报价单，说道："事情是这样的，弗莱德这次实在有些出格了。"站在一边的弗莱德，也就是那位销售人员，神情十分尴尬。"这个价格比我们这辆车的出厂价还低500美元。"说着，他拿出了一张看上去像出厂发票一类的东西，"不过，您不会真的让我们承担这笔损失的，对吗？"

现在轮到你感觉不好意思了。你完全不知道该做何回应。你本以为交易已经完成了，可没想到那个弗莱德的上司突然杀了出来。事实上，汽车厂商会有一些激励政策，因此就算经销商按低于出厂价5%的价格把车卖给你，他们仍能赚到钱，但你不会知道这一点。为了展现自己的正派作风，你主动表示愿意多出200美元。现在总该结束了吧？可没想到的是，销售经理居然告诉你，这么低的价格，他也得先请示上司。如此往复，层层叠加。你会发现自己好像陷入了一个巨大的经理迷阵，每个人的出现都会迫使你把价格再抬高一点儿。

作为一名销售人员，学会运用和应对更高权威策略是非常关键的。一定要保留自己诉诸更高权威的权利，同时设法阻止你的谈判对象采取这一策略。

当对手不断使用更高权威对付你时，你可以用以下策略加以应对：

- 以其人之道还治其人之身。对方很快就会明白你在做什么，并要求停战。
- 每当对方提出请示上级时，你都应该把价格恢复到首次所报的数额。千万不要在对方的上级方阵里迷失方向，从而步步退让。
- 只要合同上的墨迹没干，交易就不算达成。如果你已经开始在心里盘算着怎么花掉这笔酬金，难免就会感情用事，从而过于急切地想要促成这笔交易。
- 最重要的是，切忌因为一时赌气就一走了之，你丢掉的很可能是一笔本该皆大欢喜的生意。我承认，这一做法并不公平，甚至谈不上有多道德。但是请记住，你是一个生意人，不是慈善家。你要做的是使商业活动顺利运转，而非感化罪人。

要点回顾

- 不要让对方知道你有最终决定权。
- 你给出的更高权威应当是一个模糊的实体，而非某个具体的人。
- 即便你就是老板，也可以表示需要先听取相关部门负责人的建议。
- 谈判时一定要把自我抛诸脑后。对方诱使你承认你有决定权时，切记不要让他得逞。
- 设法让对方承认最终决定权在他手中。如果该法未能奏效，你还可以采取以下三种策略：

  1. 激发对方的自我意识。

  2. 设法让对方承诺会在上司面前积极反馈。

  3. 提出有条件的交易。
- 如果对方强迫你做出决定，而你还没有做好准备时，主动表示可以立刻做出决定，但同时告诉他你会放弃这笔交易，除非可以留给你思考的时间。如果对方不断叠加更高权威，你不妨以其人之道还治其人之身，并且每当对方提出请示上级时，切记把价格恢复到首次所报的数额。

在本章中，我讲解了在谈判中应当如何运用更高权威策略，相信以后在面对那些用这一招对付你的客户时，你一定会更加胸有成竹。接下来我会教你更多的中场销售谈判策略。

第12章
避免对抗性谈判

步入谈判的中场阶段后，摆在双方面前的问题愈加明朗起来，这时需要格外注意避免对抗性局面。因为在这一阶段，买家很快就能看出你到底是在为双赢的解决方案而努力，还是只顾个人利益。

律师在谈判时往往就存在这一问题——他们大都是极具对抗性的强势谈判者。如果你收到一个白色信封，左上角印着几个凸起的黑色字母，你肯定会想："哦，不是吧！又怎么了？"你打开信封，会看到什么？字里行间满满的都是威胁。信函里会说如果你不答应他们的要求，他们就会如何对付你。但是，如果想在不打官司的情况下解决纠纷（我有时甚至怀疑这到底是不是他们的目的），那就不应该在谈判一开始就采取对抗态度。

在谈判的初始阶段，说话一定要十分小心。就算对方所持的观点与你完全相悖，也千万不要立刻反驳。因为反驳往往只会让对方产生反抗心理。所以，最好的办法是先表示赞同，然后用"感知、感受、发现"（Feel, Felt, Found）的方法逐渐扭转对方的想法。你可以这样回答："我完全理解你的感受。许多其他买家也有过和你一样的想法（这样说可以弱化双方的敌对关系，因为你认同了对方的观点，而没有进行反驳）。但你知道吗，在仔细探讨过这个问题之后，他们往往会发现……"

下面是几个具体的例子：

- 有客户表示："你的定价太高了。"这时如果你和对方争论，他就会更加努力地证明你是错的，他才是正确的。你不妨回答他："我完全理解你的感受。很多客户刚听到我们的报价时，也会像你这样想。可在仔细对比分析之后，他们都发现我们的产品是目前市场上性价比最高的。"
- 有客户说："我听说你们的物流部门出了点儿问题。"在这种敏感话题上和客户争论会让他怀疑你的言论的客观性。你应该说："我理解您的顾虑，因为我也听说过这件事。这个谣言可能是几年前我们搬迁仓库时传出去的，但现在像通用汽车和通用电气这样的大公司也和我们有合作，供货方面从来没有遇到过问题。"
- 有的客户可能会说："我信不过那些离岸供货商。我觉得应该把这些工作机会留给我们国家的人。"这时你越是辩驳，对方越会奋起证明自己的观点，所以你应当这样回应："我完全理解你的想法，现在确实很多人都有同感，但你知道吗，自从我们第一次把组装工作转移到泰国，美国的工作岗位就增加了42%，所以……"

一定不要和客户直接争论，这会引起对方的对抗性情绪。先表示赞同，再设法改变对方的观点。温斯顿·丘吉尔就很清楚这一点。毫无疑问，丘吉尔是个很了不起的人，但他有一个很大的毛病——爱喝酒，所以他总会与提倡禁酒令的阿斯特夫人（Lady Astor）争来吵去。一天，阿斯特夫人走了过来，说："温斯顿，你可真让人厌恶，竟然又喝醉了！"丘吉尔可是出了名的谈判高手，他知道不能立即反驳，而是应当先表示同意。于是他说："阿斯特夫人,你说得很对,我确实喝醉了,但这只是暂时的,到了明天早晨,我就清醒了。可你的丑陋却是永远没法改变的。"

一旦受到否定,出于本能,人们会下意识地反驳对方。在讲座中,我有时会请前排的一位学员站起来。我会伸出双手,面向那位学员,然后请他与我掌心相对。接下来我会逐渐发力。而这时,在没有提前沟通的情况下,对方会下意识地进行反抗。当你推别人时,对方的本能就是反击。同样地,当你试图否认对方的观点时,他也会下意识地反驳你。

"感知、感受、发现"法的另一个妙处是,它能为你争取思考的时间。假设你在一个酒吧里,面前有个女人对你说:"就算全世界只剩你一个男人了,我也不会让你请我喝酒的!"以前从没有人对你说过这样的话,你感到十分震惊,呆在原地不知该说些什么。但如果你已经掌握了"感知、感受、发现"的方法,就可以告诉对方:"我能理解,很多人一开始也有同样的感受,可后来……"

说到这儿,你应该已经想好接下来该说点儿什么了。有时你可能会毫无防备地撞上客户的枪口,而这一招同样可以帮你摆脱窘境。比如,你给客户致电预约,电话那头却呵斥道:"我才不想和满嘴谎话的浑蛋浪费时间呢!"这时你不妨从容地告诉对方:"我完全可以理解。许多人也有同样的想法,但是……"说完这些后,你会发现自己已然恢复了平静,也知道接下来该怎么做了。

应对策略

当客户对你使用"感知、感受、发现"策略时,你可以首先表示理解,紧接着使出钳子策略:"我明白你的意思,但按你提的价格,我们真的一点儿利润都赚不到,所以我希望你能给出一个更好的价格。"

要点回顾

- 当客户与你的观点相悖时,千万不要直接反驳,这样只会引发对抗心理。
- 使用"感知、感受、发现"的方法来化解双方的敌对局面。
- "感知、感受、发现"可以在双方针锋相对时给你冷静的时间,让你进一步思考。

第13章
持续衰减的服务价值

现在让我们来谈谈服务价值的问题。之所以说服务无法保值，是指在与客户打交道时，你所做的让步，无论大小，很快就会被对方遗忘。你买的某些物件或许会随着时间的推移而升值，但服务的价值却会迅速衰减。

优势谈判高手知道，一旦自己做出了让步，应当立即要求对方做出相应的退让。因为用不了两个小时，自己先前所做的让步就会失去价值。

房地产代理们非常了解这一点。如果某位房主需要寻求代理公司的帮助，房产经纪人往往会收取交易额的 6% 作为佣金，其实听起来也算不上什么大钱。然而，在这位经纪人为房子找到买主的那一刻，6% 的中介费显然成了一笔巨款。"6%！那可是 1.2 万美元！"房主抱怨道，"凭什么？他们做了什么值这个价？他们明明什么都没做，只是把我的房子列到了出售名单里而已。"事实上，代理公司所做的远不止这些，除了进行市场营销，他们还要负责处理合同的相关事宜。但不要忘了，你所付出的努力从服务完成的那一刻起就迅速贬值了。

相信你一定有过类似的经历。你的某位小客户打来电话，语气十分慌张,说他们的主供货商在物流上出了点儿问题,除非你能在明天一早就把货送过去,否则他们的工厂就得全线关停。听起来是不是很熟悉?于是你开始没日没夜地工作,不惜调整全线的运输计划。尽管在这个过程中困难重重,但你还是及时将货物运到了,客户的装配线得以正常运转。你甚至还赶到对方的厂房亲自监督卸货,对方对你感激涕零。正当你在码头边心满意足地擦着手上的污垢时,他走过来,说:"我简直不敢相信你真的能做到!你真是我的救命稻草!爱你,爱你,爱你。"你回答道:"很高兴为你效劳,乔。既然客户有需要,我们肯定会竭尽所能。你不觉得是时候考虑让我们做你的独家供货商了吗?"

他告诉你:"听起来不错,但我现在还没时间讨论这个,因为我得去装配线上看看,确保一切运转正常。星期一来我办公室吧,那时候我们再谈。最好中午来,我请你吃午饭。我真的很感激你为我所做的一切。你太棒了!爱你,爱你,爱你。"

于是,整个周末你都在想:"我为他做了这么多,这次他可欠了我一个大人情!"星期一很快到了,可你却发现和他谈判仍然像以前一样困难。到底是哪里出了问题呢?其实是你先前的帮助已经贬值了。无论你帮了对方什么忙,你所做的一切都会从服务完成的那一刻起迅速贬值。

因此,当你在谈判中做出让步时,一定要立即要求对方做出相应的退让。不要等!不要觉得你帮了他的忙,他就欠你人情,以后补偿也不晚。一定要记住,你所付出的一切都会迅速失去价值。

水管工都明白这个道理,不是吗?他们知道和你谈价的最佳时机是开始工作之前,而不是之后。我曾请过一位上门维修的水管工,检查过后,他慢慢地摇了摇头,说:"道森先生,我知道问题出在哪里了,可以修好,费用是150美元。"

我说:"好吧,修吧。"

你猜他修好水管总共花了多长时间？5分钟！我说："等一下，5分钟的工作你竟然收我150美元？我是全美知名的演讲家，可你的收费竟然比我还高！"

对方回答道："确实，我以前也赚不了这么多钱——当我也还是个演讲家的时候。"

应对策略

如果你卖的是服务，切记，你所做的一切都会在你完成服务的那一刻起迅速贬值，所以一定要在开始工作之前就谈好价格。提前讲好收费标准，以防情况有变，你还有加收费用的余地。如果可以的话，尽量要求对方预先付款。如果对方不接受，那就在工作推进的同时逐步收费，或是在工作完成后以最快的速度让对方结款。

要点回顾

- 物品或许能随着时间的推移升值，但服务却只会贬值。
- 要求回报时不要轻易妥协，不要幻想对方会在以后做出补偿。
- 一定要在开始工作之前就谈好价格。

第14章
永远不要主动提议分摊差额

接下来要讲的策略是：在谈判时，永远不要主动提议分摊差额。美国人都有着很强的公平意识，人们总认为，只要双方均等地付出，结果就是公平的。弗雷德想出售自己的房子，定价20万美元，而苏珊给出的报价是19万美元，为了尽快达成交易，他们可能会想："以19.5万美元成交比较公平，因为那相当于双方各让一半。"实际上，这种做法有时并不公平。在这个情况中，折中价格完全取决于弗雷德和苏珊的最初报价。如果这套房子只值19万美元，弗雷德却利用苏珊对房子的喜爱借机加价，那对于苏珊来说就是不公平的。而若房子本身值20万美元，苏珊也可以接受这个价格，却因为发现弗雷德急用钱就趁火打劫，显然也不公平。因此，当价格无法谈拢时，千万不要错以为折中就是最公平的解决方案。

跳出这个思维陷阱后，我想说的是，在优势谈判高手看来，各让一半其实并不等同于折中双方的报价。如果将报价折中两次，你会发现双方做出的让步之比变成了3∶1，别忘了还可以有第三次、第四次，甚至更多次。我曾与一家银行进行过谈判。当时我从那儿贷款购入了几套房产，后来我私底下卖掉了其中的一套。根据合同规定，售出房产后，我需要向银行还清 3.2 万美元的贷款首付，而我希望能把还款金额降到 2.8 万美元。通过谈判，对方表示可以接受折中，也就是 3 万美元。接下来的几周里，我又成功地把价格谈到了 2.9 万美元，接着是 2.85 万美元，最后的成交价格是 2.825 万美元。

这一策略的原理如下：

首先要记住，永远不要主动提议分摊差额，一定要设法让对方先开口。

打个比方，你是某家建筑公司的销售人员，最近正在争取一笔建筑翻新的订单。你的报价是 8.6 万美元，而对方给出的价格是 7.5 万美元。随着谈判的进行，对方的出价涨到了 8 万美元，而你这边也降到了 8.4 万美元。接下来该怎么做呢？其实你有很强烈的预感，只要你提出折中报价，对方一定会接受，也就是以 8.2 万美元的价格成交。

但是，千万不要这样做！你应当告诉对方："好吧，看来是谈不拢了。想想我们两个都已经花了这么多时间，真是太遗憾了。（谈判时间越长，谈判者就会越发灵活。）我们谈判了这么久，眼看就要达成交易了，却为了这区区 4000 美元而准备放弃，实在说不过去。"

只要你不断强调双方在这笔生意上已经投入了大量时间，而且双方的价格分歧其实数目很小，对方早晚会说："既然如此，为什么不各让一半呢？"

这时你不妨装个傻："各让一半？指的是多少？我是 8.4 万美元，你给的价格是 8 万美元，那就是 8.2 万美元，对吗？也就是说你愿意把价格提高到 8.2 万美元？"

"嗯，是的。"对方回答道，"如果你可以把价格降到 8.2 万美元，我们这边也没有问题。"这样一来，谈判的价格范围瞬间从 8 万—8.4 万美元变成了 8.2 万—8.4 万美元，且整个过程你没损失一分一毫。

这时你可以说："8.2 万美元比 8 万美元好多了。这样，我和我的合伙人商量一下（或者其他你虚构出来的更高权威），问问他们的意见。我会告诉他们你的报价是 8.2 万美元，看大家能不能达成一致。我明天再来给你答复。"

第二天，你找到对方说："唉，现在的合伙人可真难对付啊！我原以为他们能接受 8.2 万美元的价格，可昨晚我们花了整整 2 个小时核对成本，他们坚持说如果价格低于 8.4 万美元，我们就会亏本。天哪！就差 2000 美元啊。难道就为了区区 2000 美元让一笔生意泡汤吗？"

只要你不停地感叹，对方还会再次提出折中。

而一旦对方再次松口，你就能多赚 1000 美元。事实上，即便对方不愿意再次折中，你还是已经把价格抬到了 8.2 万美元。与此同时你还做了另一件非常关键的事。是什么呢？

没错，对方会感觉自己赢得了这场谈判，因为提出折中方案的是他，而你的合伙人只能不情不愿地接受 8.2 万美元的报价。相反，如果这个方案是你提出来的，无论如何对方都会感觉你在强迫他加价。

两者听上去好像只有细微的差别，实际上却有着天壤之别。记住，优势谈判的本质就在于：谈判结束时，让对方感觉自己是这场谈判的赢家。

要做到这一点，就一定不能主动要求折中，而是设法鼓励对方先开口。

应对策略

当客户试图让你折中时，可以使用更高权威或好人/坏人策略来应对："听起来好像很合理，但我没有这个权利。但既然你提出来了，我很乐意跟同事们商量一下，看他们能否接受这个报价。"

要点回顾

- 千万不要错以为折中是最公平的解决方案。
- 各让一半并不等同于折中报价，你还可以选择多次折中。
- 千万不要主动要求折中差价，应当设法鼓励对方先开口。
- 让对方提出折中方案，其实也是间接要求对方做出让步。然后你可以假装不情愿地接受对方的条件，从而让他感觉自己赢得了这场谈判。

第15章
烫手山芋

在谈判中，对手有时会试图把自己的问题转嫁到你身上。这些棘手的问题就像烫手山芋一样被谈判双方推来推去。

你都遇到过哪些烫手山芋呢？

是否有人对你说过"我们没有这项预算"？**也就是说你提供的产品和服务都很好，只是他们没有这项预算，那问题出在谁身上呢？**显然不是你。但对方却把问题抛给了你，让你来想办法。

再比如，你有没有听过"我没有这个权限"？这只能说明对方没能取得上司足够的信任，很明显是他自己的问题，怪不得你。但同样地，他把这块烫手山芋抛给了你，让它变成了你的问题。

或许你曾接到过客户的紧急来电，他对你说："我需要你们提前交货。如果明天一早这批零件送不到我这里的话，我们的生产线就得关停了。"显然，生产调度出现问题的是他，而不是你，可他却试图把问题转嫁到你的头上。

通过对国际谈判案例的研究，我发现，在这些场合中处理烫手山芋的方法拿到商场上也同样适用。在日内瓦核控制谈判中，国际谈判代表们已经为我们演示了正确的做法：立刻验证其真实性。当对方试图推卸问题时，你必须马上弄清楚对方所说的情况是否属实。因为这可能只是他试探你的一种手段。一定要立刻行动，切忌瞻前顾后。一旦你接手了对方抛来的问题，很快他就会认定那是你应该做的，到时再后悔恐怕为时已晚了。

我曾在南加利福尼亚州一家房地产公司担任过总裁，当时这家公司共有28个办事处。那个年代的房地产行业，互抛烫手山芋的情况再常见不过了。随时都可能有买家冲进办公室，甩下一句："我们的预算只有1万美元。"说实话，1万美元连工人公寓都很难买到。虽说我们的经纪人也可以接受这个价格，但毫无疑问接下来的工作将会异常困难。

这时，我就会教经纪人验证对方条件的真实性，告诉来者："1万美元其实我们也能试一试。但我想先问一下，假如我找到了一套非常适合你的房子，刚好就在你想要的社区里，价格和其他条件都很合适，你的家人也很满意，你的孩子吵着要邀请朋友们来玩，但它的售价是1.5万美元，请问我还有必要带你去看这套房子吗？还是说我可以直接推荐给其他客户？"

只有极少数人会说："你听不懂英语吗？仔细看我的口型，是1——万——美元，多1分都没有。房子再好也不行。"但十有八九你会得到这样的答复："嗯……我们本来不想提前动用定期存款，但如果你真能找到那样的房子，我们会再商量一下的。或者我们会找我叔叔帮忙分担一下首付。"这样一来，经纪人立刻就明白对方的预算其实也不是什么大问题。

假设你在推销家具，客户可能会说："我们的预算是每平方米地毯不能超过20美元。"如果这时接下这个烫手山芋，你很可能会马上开始考虑降价，因为你认定了他给出的就是真正的底价。

其实你不妨先验证一下问题的真实性，你可以告诉对方："如果我找到一块比普通材质耐用一倍的地毯，并且5年之后看起来还会像新的一样，价格只比你们的预算贵10%，你们还会去看一下吗？"对方通常会表示："当然，我们愿意考虑一下。"这时你马上就知道了，其实价格根本不是决定性问题。

对付此类预算压力，还有另外一种方法，那就是直接问对方："好吧，那申请额外预算的话，需要找谁批准呢？"有时在听到对方的回答后，你会后悔为什么不早点儿开口。他们可能会告诉你："需要副总裁批准。"你接着说："你是想做成这笔生意的，对吗？那为什么不给你们的副总裁打个电话，申请一下额外预算呢？"这时对方很可能就真的去设法申请资金了。没错，有时候就是这么简单，但前提是一定要在第一时间验证情况的真实性。

还记得我曾在阿拉斯加为当地承包商举行过讲座，他们安排我在安克雷奇市的一家希尔顿酒店下榻。行程结束那天，我临时需要延迟退房。当时酒店前台有两名工作人员并排站着，我对其中一名说："麻烦帮我把退房时间延到下午6点。"

她回答道："没问题，道森先生，但我们需要加收您半天的房费。"

我问："那谁有权免除这笔费用呢？"

她指了指旁边的人："她可以。"说的正是和她紧挨着的那名员工。

于是我微微侧身，问另一位女士："你觉得呢？"

对方应道："哦，没问题，可以的。"

还有一个应对预算类烫手山芋的办法，就是问对方的财政年度何时结束。我曾在加利福尼亚州一家顶级医保组织给他们的80名销售人员进行培训。培训前几周的某一天，对方公司的培训主管给我打来电话，邀请我共进晚餐，顺便向我详细介绍一下公司的运营情况。因为觉得是对方请客，我就选了橘郡最高级的一家法国餐厅，如我所料，那一餐十分丰盛。服务员端来餐后甜点时，我对那名主管说："你知道吗，其实你们应该给所有销售人员每人配一盘我的录音带，这样他们就能不断地学习和进步。"说话的同时我在心里盘算着：他们有80名销售人员，每盘录音带是65美元，这样一来，除了之前谈好的培训费用，我还能再多赚5200美元。

她想了想，说："罗杰，这可能是个好主意，但我们的确没有这项预算。"

说到这里我不得不坦白一下，我为自己接下来的想法感到十分羞愧。但我还是想实话实说，因为对于那些有过同样念头的人来说，我的经历或许会有所帮助。我当时想的是："如果把价格降低一点儿，她是不是就会同意了呢？"很丢人，不是吗？她甚至都没有提到价格的问题，更没有表示如果价格再低一些就会同意。她只是告诉我公司的预算里暂时没有这一项。

幸好，我及时控制住了自己，开始试着验证对方所说的话的真实性。我问她："那你们的预算年度什么时候结束呢？"当时是 8 月，我原以为她会说 12 月 31 日才结束。可令我吃惊的是，对方却说："9 月底。"

"那么，10 月 1 日你会把我的建议列入新的预算里吗？"我接着问道。

"是的，我想我们会的。"

"没问题。我可以先把录音带寄给你，然后到 10 月 1 日再开账单，这样可以吗？"

"那太好了。"她回答道。就这样，在不到 30 秒的时间里，我就赚到了 5200 美元。因为我时刻记得，当对方把问题抛给我时，我应当立即验证其真实性。

我不由得飘飘然起来，以至于服务员拿来账单时，我把自己的卡递了过去。服务员转身要走，那位主管悄声说道："罗杰，我正打算埋单呢。"我想："罗杰，虽说这人倒霉起来喝凉水都塞牙，但好运要来的时候是根本挡不住啊。那我何不尽情享受一回呢？"于是，我叫住服务员，告诉他我给错了信用卡。

一定要留意那些试图把问题转嫁给你的人。毕竟你自己的问题已经够多了，不是吗？有位商人半夜睡不着，不停地在家里踱来踱去，他的妻子被吵得快要发疯了，问道："亲爱的，你这是怎么了？怎么还不睡觉？"

那位商人说："是这样的，明天我们有一大笔贷款要还，银行经理又是我的好朋友，我实在不好意思告诉他我没钱还。"

话音刚落，他的妻子拿起电话，打给了那位银行经理，说："明天我们家的那笔贷款该还了，可是我们还拿不出那么多钱。"

丈夫勃然大怒，说道："你为什么要这样做？我担心的就是这个！"

妻子回答道："亲爱的，现在轮到他担心了，你可以睡觉了。"

记住，不要让别人把自己的问题转嫁到你的头上。

应对策略

当有人抛给你烫手山芋时，一定要立刻验明真伪，反问对方："谁有权批准额外预算呢？""谁有权减免这项费用呢？""你们的预算年度什么时候结束呢？"只要能成功化解对方抛来的问题就行——即便这个问题是虚构的，你也已经处理掉了这块烫手山芋。

要点回顾

- 不要让别人把自己的问题转嫁给你。
- 当有人试图将问题转嫁给你时，立刻检验其真实性。你必须马上弄清楚对方所说的是否属实，因为这可能只是他试探你的一种手段。
- 不要理会对方程序性的问题。程序是人定的，这就说明对方公司中一定有人有权改变或是越过这些程序。
- 千万不要逢难就想着降低价格。价格可能根本不是问题所在。多问问自己："我怎样才能在不降价的情况下解决这个问题呢？"

第16章
一定要索取回报

接下来你将学到谈判中场阶段的最后一种策略,即索取回报策略。所谓索取回报,是指每当谈判对象要求你做出让步时,都应主动索取相应的回报。相信我,第一次使用这种策略,你就能把买这本书的钱赚回来好几倍,并且从那以后,它每年都将带给你成千上万美元的回报。

假设你是一名叉车供货商,一家仓储式的五金店在你那儿下了一笔大订单。原定交货时间是8月15日,也就是五金店开业前30天。可没过多久,对方的运营经理打来了电话,说:"我们提前完成了店铺的装修,打算把开业时间提前到劳动节的那个周末,你们能在下周三提前交货吗?"你可能会想:"当然可以。反正叉车就停在当地的仓库里,随时可以运走,我当然愿意早交货、早收钱。如果需要的话,我们甚至明天就能送过去。"

即便如此,我还是建议你主动向对方索取回报。

你可以说:"坦白来讲,我也不确定能不能在这么短的时间内把货送到。我得和相关负责人商量一下(注意这里的更高权威是一个模糊的实体),看看他们怎么说。不过我想先问一下,如果我们真的提前送到了,你能为我们做什么呢？"

对方会想："这下可碰上麻烦了。怎么才能让他们提前把货送过来呢？"这种情况下，对方往往会做出一定的让步。比如他会说："我会叫财会今天就给你开支票。"或是："只要你能提前送货，12月芝加哥分店开业时我们也会从你那儿订货。"你很可能就此得到了自己想要的东西。

索取回报可以提高让步的价值。既然是在谈判，为何要做无谓的付出呢？一定要让每次付出都有所回报。说不定哪天你就用得上。或许在未来的某一天，你会对他说："还记得去年8月你让我帮忙提前送货吗？你知道我费了多大劲儿才说服他们一个个地重新调整日程的吗？看在这个分儿上，就别拖着我们的货款了。今天就开支票吧，好吗？"提高所做让步的价值，待索取回报之时你就有了筹码。

索取回报还能使你免于无休止的拉扯。如果对方知道每当你做出让步，他们都得给出相应的回报，就不会无休止地向你索取了。记不清多少次有学员在讲座上或是电话里对我诉苦了："罗杰，你能帮帮我吗？我原以为接到了一桩好买卖，却不承想真的会遇到这样的问题：一开始，他们会提出一些很小的要求。由于对方是大客户，我就告诉他们，'当然可以'。一个星期后，他们又打来电话，想让我再让一小步，我又说，'好吧，我们可以做到'。从那以后，对方越来越变本加厉。现在看来，恐怕整笔生意都要被我搞砸了。"事实上，当对方第一次提出要求时，他就应当索取一定的回报，试着问对方："如果能帮到你的话，你能为我们做些什么呢？"

我曾去过一家位居《财富》榜前50名的公司，对该公司的50名销售人员进行培训。他们均来自大客户部门，负责对接的都是重量级客户。其中有人刚刚与一家航空制造商谈成了一笔4300万美元的生意。（这还不是最高纪录。记得我在一家大型电脑制造公司总部培训时，观众席上有一位销售人员刚刚达成了一笔30亿美元的订单，可他还是在我的课上认真做着笔记。)

这个部门还设置了独立的副总裁职位。培训结束后,这位副总裁走上前来对我说:"罗杰,你刚刚讲到的索取回报是我迄今上过最有价值的一课。我参加这样的培训已经很多年了,本以为自己知道的技巧已经够多了,可从来没有人告诉我索取回报的重要性。将来这一定能为我们省下数十万美元。"

负责为我制作课程录像带的杰克·威尔逊告诉我,学会这个策略后不久,他就用这一招省下了几千美元。一家电视演播室打来电话,说有一位摄像师病了,问杰克是否愿意让自己旗下的摄影师过去顶班。其实打那通电话只是出于礼貌,因为在过去,杰克总是会说"没问题"。可这次杰克却反问道:"如果我愿意帮忙,你们能为我做什么?"令他吃惊的是,对方居然说:"这样吧,下次你用我们的演播室时,如果超时,我们就不加收费用了。"只是简单的一句话,就让对方主动做出了几千美元的让步,要知道在过去,杰克连口都不会开。

请严格按照我的方式使用这一技巧。因为哪怕只是改动一个字,效果也会天差地别。打个比方,如果你把原来的"如果我为你做这件事,你能为我们做什么"改成"如果我为你做这件事,你就得为我们做……",听起来就会咄咄逼人。尤其是双方正处于谈判过程中一个非常敏感的节点时。比如对方正面临压力,希望得到你的帮助时,就要避免造成对抗性局面。我理解你很想利用这个机会来换取某些具体的回报,但千万不要这样做。因为这很可能会导致谈判当场崩盘。

当你索要回报时,他可能会说"什么好处都没有",又或是"回报就是能留住一个客户"。这种结果其实也不错,毕竟问一句又没有什么损失,但不问就肯定得不到你想要的东西。

如果有必要的话,你还可以进一步均衡双方的让步,你可以说"除非你愿意承担加急费用，否则我的同事们恐怕不会同意"，或者是"除非你能够提前付款，否则……"

应对策略

当客户用这一招对付你时，你该如何应对呢？比如说你向客户提出了一个合理的要求，由于你们的产品十分紧俏，所以你希望先交一半货，并在一周内补齐另外一半。其实这并不会给买家带来什么麻烦，但他还是决定利用这个机会向你索取一些回报。这时，你可以用以下三种方案：

- 问他想要什么，如果对方要求合理，不妨就同意他的要求。不要忘了我在第9章说过的：始终着眼谈判本身。不要因为一时的沮丧而把小问题变成大问题。
- 告诉对方这已经是你能开出的最好条件了，并将责任推给某个更高权威。
- 拒绝对方的要求，但同时给予象征性的让步，让他觉得自己赢得了谈判，从而让对方放松警惕。

要点回顾

- 当对方开始要求你做出一些小让步时，一定要主动索取回报。
- 你可以说："如果我为你做这件事，你能为我们做什么？"对方很可能就会有所表示。
- 它可以提高你所做让步的价值，待索取回报时就会成为你的筹码。最重要的是，该策略还能使你免于无休止的拉扯。
- 不要试图改变措辞以谋取某些具体的回报，那很可能会导致对抗性局面。

好了，现在我已经讲完了全部的中场销售谈判策略，这些策略可以使你在谈判中始终保持强劲的势头。下一章中，我将会教你终局销售谈判策略，也就是当你准备让客户做出承诺时所要用到的技巧。

第4部分

终局销售谈判策略

第17章
好人/坏人策略

好人/坏人策略是最为人所熟知的谈判策略之一。查尔斯·狄更斯（Charles Dickens）在他的小说《远大前程》（*Great Expectations*）里早就描述过这一策略。故事一开始，年轻的男主人公皮普（Pip）正身处一片墓地，此时从阴森的迷雾中走出了一个相貌恐怖的大块头。那人是个逃犯，腿上还缠着铁链。他让皮普到村里去找些食物，再找把刀回来，好用它打开铁链。然而，这名逃犯面临着一个两难局面：一方面，他想吓吓我们的主人公，好让他按自己吩咐的去做；另一方面，他又不能给皮普过大的压力，以免对方被吓坏，跑到城里去报警。

这时，好人/坏人策略能够很好地解决该问题。虽然我记不太清原话了，但那个逃犯的大意是："听着，皮普，我很喜欢你，所以我绝不会伤害你。如果你不帮我的话，我的朋友就会来找你的。所以，你一定要帮助我。明白了吗？""可我得告诉你，我有一位朋友正在附近等着，这人十分凶残，而我是唯一能控制他的人。如果你不帮我把铁链弄掉，我那位朋友很可能就会找上你。所以，你一定要帮助我。明白了吗？"好人/坏人策略既能够有效地给对方施压，又能避免对抗局面的发生。

我相信你肯定在某部经典警匪片里见过这一招。警察们会把嫌犯带到警局。第一个出场的警察往往面相凶恶、举止粗鲁，他会用各种办法恐吓、威胁这名嫌犯。之后，这位警察会突然被一个神秘电话叫走，于是接替他的第二位警察出场了，这位警察仿佛是世界上最温和、最善良的人。他坐下来，像朋友般地与嫌犯交流。他会说："听着，孩子，其实情况没有你想的那么糟。我甚至有点儿同情你，也很清楚你现在的处境。为什么不试着让我帮帮你呢？"虽说好人的角色看上去很像是真的想帮嫌犯，但事实并非如此。

接着对方会继续深入，问一些在嫌犯看来并不怎么重要的问题。他会对嫌犯说："我想警探们其实只是想知道你在哪里买的枪。"可事实上，他真正想问的是："你把尸体藏到了哪里？"

先从看似无关紧要的问题切入，再慢慢推进——这的确是一种非常有效的方法。比如，汽车销售人员会问你："假设你真的要买这辆车，你会选蓝色的还是灰色的？""内饰是要真皮的还是仿皮的？"这是因为小决定会促成大决定。

又比如，房地产中介会说："如果真的买下了这栋房子，你打算怎么布置客厅？"又或是："你们想用哪间卧室当婴儿房？"好人的任务便是引导你做出这些小决定，然后慢慢发展成大决定。

在和买家打交道时，对方使用好人/坏人策略的次数远比你想象的要多。当你意识到自己在同时和两个人打交道时，一定要多加小心。这时对方很可能在对你使用好人/坏人策略，只是具体方法有所不同而已。

打个比方，你负责为一家医保组织推销他们的健康保险计划，并与一家锄草机公司的人力资源副总约好了会面。当秘书带你去见那位副总时，你却意外地发现这家公司的总裁居然想进来旁听你的介绍。

这就意味着谈判变成了二对一，虽然情况不妙，可你还是继续进行，并且一切进展得似乎很顺利。你觉得自己很有机会达成这笔交易,却不料这位总裁突然动怒了。最后,他告诉副总:"听着,我觉得这些人根本没打算给我们一个认真的报价方案。不好意思,我还有其他事情要忙。"说完便怒气冲冲地离开了房间。

若是没有什么谈判经验,这时你一定会被吓到,而那位副总会说:"唉!他这人有时就是这样,不过我很喜欢你刚才谈到的计划,我想我们还是有机会合作的。""如果你能在价格上再灵活一些,我想我们还是有希望的。我能帮你做些什么呢?"

如果你没有察觉到对方的用意,你很可能就会问:"那你觉得贵司的总裁能接受什么价格呢?"很快,你就会默认这位副总真的在为你出谋划策。可问题是,他压根就没站在你这一边。

如果你认为我举的例子有些夸大其词,那么请考虑一下这个问题:你是否曾对汽车销售人员说过"你认为你们的销售经理能接受怎样的价格呢"?就好像销售人员站在你这一边似的。再比如买房时,如果遇到了自己心仪的房子,你总是会问房产经纪人:"你觉得卖家能接受什么样的价格?"我想请问:房产经纪人到底是在为谁工作?谁付给他工资?不是你,对吧?他在为卖家工作,却通过好人/坏人策略让你以为他与你在同一战线上。因此一定要留神,毕竟这种情况很常见。

我在加州那家大型房地产公司担任总裁时,有一家分公司一直在亏损。这家分公司刚开了1年左右,但我们签了3年的租约,这意味着我们要努力让它再运营2年。可无论我怎么努力,都没能增加这家分公司的收入,也没办法减少开支。租金是当时的头号难题。我们每个月要付1700美元的租金,而这项开销几乎耗尽了该公司的全部利润。

我打电话给房东,向他解释了情况,并试图让他把租金降至每月1400美元,这样我们还能勉强维持盈利。房东回答道:"合约上写着还有2年,看来你只能再撑一下了。"我用尽了所有我知道的谈判技巧，可就是没能让他动摇。看来我只好选择接受了。

就在这时，我决定用好人/坏人策略进行最后一搏，同时在时间上给对方施压。几周后的一个清晨，我5点50分给他打去电话，说道："关于租金的事，其实出了点儿问题。我想说的是，我非常同意你的观点。签了3年的租约，到现在还有2年时间，毫无疑问，我们必须按租约办事。可问题是，再过半个小时我就要和董事会碰面了，他们会问你是否愿意把租金减少到1400美元。如果我说你没答应，他们就会让我关掉这家分公司。"

"那我会去告你们的！"房东抗议道。

"我明白。我完全同意你的做法。"我说，"其实我是站在你这一边的，可问题是我必须向董事会交差。如果你威胁说要起诉，他们肯定会说：'好啊，让他去告吧。这里可是洛杉矶，起码要花2年时间才能开庭。'"

而这时房东的回答很好地证明了好人/坏人策略的效力。只听他说道："你愿意去找董事会为我争取一下吗？我愿意把租金降到1550美元，如果他们还是不同意，1500美元也可以。"这招实在太管用了，他竟然让我替他和我自己的董事会谈判！

现在你知道好人/坏人策略多么有效了吧？它可以在不造成对抗的情况下给对方施压。那么，假设是我对他说"尽管去告吧，反正得2年才上得了法庭"，情况又会如何呢？他一定会非常生气，并且在接下来的2年里我们将只能通过律师进行交涉。将一个模糊的更高权威作为我方的"坏人"，我就能在不惹怒对方的情况下向他施加巨大的压力。

此外，即便对方识破了你的招数，好人/坏人策略仍然非常有效。美国前总统卡特和里根就是这样把人质从伊朗人手中救出来的。还记得吗？卡特在总统大选中落败。在离开白宫之前，他极其渴望解救被伊朗人扣押的人质，又担心里根坐享其成。于是，他和霍梅尼（Ayatollah Ruhollah Khomeini，曾任伊朗伊斯兰共和国最高领袖）玩起了好人/坏人策略。他告诉霍梅尼："如果我是你，我会选择现在就和解。可千万别对1月即将上任的这帮人心存侥幸！我的上帝啊，你见过这些家伙吗？下一任总统以前是个演牛仔的演员，副总统是前中央情报局局长，国务卿是亚历山大·黑格（Alexander Haig）。这些人比英国人还疯狂，很难说他们会做什么。"

里根也很懂得配合："嘿，如果我是你，我就跟卡特和解。他人很好的。相信你肯定不会喜欢我入主白宫以后打算采取的措施。"果然，就在里根总统就职的当天早晨，人质被释放了。毫无疑问，伊朗人很清楚这两位总统在耍好人/坏人，可他们仍然担心里根会说到做到。这表明，即使对方知道你在做什么，这些策略仍对你有所帮助。

事实上，当你的对手精通这些策略时，谈判会变得格外有趣。毕竟棋逢对手的感觉远比轻易取胜有趣得多。

应对策略

当有人对你耍好人/坏人时，以下策略可能会派上用场：

- 识破对方的策略。尽管这不是应对好人/坏人策略唯一的方法，但是最为有效的，有时你甚至只要知道这一条就够了。由于好人/坏人策略十分出名，一旦你拆穿对方的小把戏，他会觉得非常尴尬。当你注意到对方在使用好人/坏人策略时，不妨微笑着告诉对方："哦，不是吧——你不会在和我玩好人/坏人那一套吧？好了，别闹了，咱们还是言归正传吧。"通常情况下，对方会由于尴尬而立刻放弃这一策略。
- 作为回应，你可以制造自己一方的黑脸。你可以告诉对方你也很想满足他的要求，可总部的人却不肯松口。除了谈判桌上已经搬出的黑脸，你再想办法虚构一些比他们更加强硬的黑脸。

- 你可以越过对方直接找他的上司。打个比方，你正和一家经销公司的两名采购员谈判，这时不妨直接给他们的老板打电话："你的员工在和我玩好人／坏人呢。你应该不会赞成他们这么做吧？"（使用该策略时一定要小心，因为越级可能会引起对方的抵触，从而激化矛盾。）

- 有时候还可以通过对方的黑脸来解决问题，尤其是当那位黑脸本身很惹人烦时。最终他自己那方的人都会感到厌烦，并让他住嘴。

- 你还可以告诉对方的白脸："听着，我知道你在玩好人／坏人。从现在开始，他说的每一句话，我都会理解成是你的意思。"此时你的对手就成了两个黑脸，你也就破解了对方的策略。有时候，只要你自己把对方的人都看作黑脸就能解决问题，倒也不必明说。

- 如果对方带着一名律师或控制者出现，显然他是要扮演黑脸的，那不妨在谈判一开始就直接指出来，打乱对方的计划。你可以告诉对方："我知道你是来扮黑脸的，但我建议你不要这样做。我和你们一样很想解决眼前的问题，那为何不想办法找到一个双赢的方案呢？"好一个釜底抽薪！

要点回顾

- 和买家打交道时，对方使用好人／坏人策略的频率要远比你想象中的高。每当同时面对两个谈判对手时，一定要多加小心。
- 该策略非常行之有效，它能在不造成任何对抗局面的情况下给对方施加压力。
- 应对好人／坏人策略的最佳方法就是识破它。由于好人／坏人策略十分出名，一旦被拆穿，对方会因为尴尬而放弃这个策略。

第18章
蚕食策略

现在我们来谈一下蚕食策略。这是一种非常重要的终场谈判策略，因为它有两个作用：一可以让你在谈判中尝到更多甜头；二可以让买家做一些他先前并不情愿做的事情。

汽车销售人员就很清楚这点。他们知道如果报价过高，客户会立即产生抵触心理，甚至放弃购买计划。所以，他们会先加以引导，让客户产生"我确定要买车，并且要在这里买"的心理。这意味着他们会满足客户的一切要求，哪怕客户要的是某种利润微薄的精简车型。接着他们会把客户带到会客室，逐步增加额外条件，从而真正为自己谋取利润。

蚕食策略的关键就在于慢慢来，通过逐步增加条件来实现利益最大化。对于这一点，孩子们深谙其道。如果你家里有几个十几岁的孩子，我想你应该知道他们根本不需要接受任何谈判培训。可你不同，为了抚养这些天生的谈判高手，你不得不学习一些技巧。他们并非在学校里学到了这些技巧，而是因为在他们小的时候，一切都是通过谈判得来的。我女儿朱莉娅高中毕业的时候，想从我这里得到一份大礼。她的愿望清单有三项：

1. 为期5周的欧洲游。

2. 1200美元的旅行经费。

3. 一个全新的旅行箱。

她很聪明,知道不该把要求一股脑儿地全提出来。

她是一个非常优秀的谈判高手。一开始,她只是提出要去旅行,几周后,她又用书面方式告诉我,旅行所需的经费大约是1200美元,希望我能满足她的这个要求。然后,就在出发前,她又对我说:"爸爸,你不会让我拉着这个破旅行箱去欧洲吧?别人都有新的旅行箱。"毫无疑问,我最终同意了。可如果她一上来就提出所有要求,我很可能不给她买新旅行箱,并且会设法减少旅行经费。

之所以会出现这种情况,是因为我们的大脑总是会不断强调自己已经做出的决定。事实上,在做出最后决定之前,我们的脑子里一直在摇摆。可一旦下定决心,我们就会一口气做到底。优势销售谈判高手正是抓住了这一心理,利用它来为自己赚取更多的利润,而这一点点额外利润却影响着整笔生意的成败。

为什么蚕食策略会如此有效呢?为了找到这个问题的答案,一些心理学家在加拿大的一个赛马场进行了一项研究。他们研究了人们在下注前和下注后的态度。结果发现,在下注之前,人们总会摇摆不定,内心十分焦虑。这就好比和一家不曾合作过的公司谈判,即便你表现得再出色,对方仍会有所犹豫。而人们在赛马场上一旦决定下注后,会突然变得信心百倍,甚至想在比赛开始前把赌注加倍。也就是说,一旦做出了决定,他们的大脑思维就会随之发生变化。做出决定前,人们总是在不停权衡,而一旦真的踏出了那一步,就会选择一往直前。

如果你喜欢赌博游戏,相信你一定有过同样的感受。你可以观察人们在大西洋城或拉斯维加斯的轮盘桌前的表现。赌徒下注,庄家转动轮盘。就在最后一刻,你会发现大家开始疯狂加注。人的大脑就是如此,总是在强化自己先前做出的决定。

我曾在费城的一次大会上讲话,当时宾夕法尼亚州的彩票奖金高达5000万美元,所以在座的许多观众都买了彩票。为了说明人们的大脑是如何强化先前所做的决定的,我试图从现场某位观众手中买下他的彩票。你觉得他会卖给我吗?当然不会。即便我愿意出相当于票价50倍的价格,他也不会同意。我敢肯定的是,在买下这张彩票之前,他曾对这一亿分之一的概率充满犹豫和不安。可在做出决定之后,他就不会改变主意。这是因为人类的大脑会强化先前所做的决定。

优势谈判高手需要记住一个原则,不必在谈判刚开始时就直接提出全部条件。不妨稍事等候,待双方大体上达成一致时,再回过头来通过蚕食策略争取你想要的东西。

你可以把优势销售谈判的过程想象成推着一只巨大的皮球上山,这只球要比你大得多。你竭尽全力地想把它推上山顶,也就是谈判中首次达成一致的时刻。一旦到了山顶,皮球就能轻易地沿着山的另一边滚下去。这是因为,谈判双方在达成初步协议后自然会感觉良好。他们会有一种如释重负的感觉,仿佛紧张和压力都在这一刻消失了。这时,对方的大脑就会开始消化自己刚刚做过的决定,同时也就更容易接受你这时提出的一些附加要求。

所以,一定要在谈判快要结束时再努力一次。比如说你卖的是包装设备,现在正试图说服客户选购你们的顶级产品,可对方却在价格方面犹豫不决。这时你可以先避开这个话题,当你们在其他方面全部达成一致后,再次提出建议:"我们可以再讨论一下顶级款吗?我并不会向所有的客户都推荐这种型号,但鉴于贵公司的规模和增长潜力,我真的认为这种型号更为合适,况且每个月也只会增加500美元的开销。"这时对方很可能会说:"哦,那好吧,如果你确实觉得这点很重要,我愿意听听你的建议。"

又比如你是在销售办公室设备，同时也负责向客户推销延保服务，可当你向客户介绍这项服务时，对方却说："我们对服务保障不感兴趣。我知道这对你来说利润丰厚，并且我们本身的现金流也很稳定。如果真的需要维修，我们自然会掏钱的。"于是你想，不值得为了推销服务保障而搞砸这笔生意，还是算了吧。但在谈判结束时，你一定要鼓起勇气再问对方一次："我们可以再讨论一下延保服务吗？你刚才可能没注意到预防性维护服务这一项。如果你的员工知道打报修电话是免费的，他们就会在第一时间联系我们，这样我们的技术人员就能赶在设备真正出现问题之前排除故障。这笔投资能让设备的使用寿命延长很多。我真的觉得这是个正确的选择，况且你每个月只需额外支出 45 美元。"同样地，对方很可能会告诉你："哦，好吧，如果你真觉得这么重要，那我们不妨聊一下。"

既然你已经学会了蚕食的艺术，那么在谈判的时候一定要考虑以下几点：

- 有哪些条件适合在双方首次达成协议后作为蚕食策略提出来？
- 对于那些第一次没能得到认可的提议，你是否打算再努力提一次？
- 你是否做好了准备，足够应对对方在最后一刻对你使出蚕食策略？

应对策略

小心那些对你使用蚕食策略的人！在谈判过程中有这么一个时刻，你会变得非常脆弱，那就是你以为谈判要结束了的时候。此时你很容易成为对方蚕食策略的牺牲品。

我敢肯定你曾被对方蚕食过。比如你在推销一部汽车或者一辆卡车，这时真正的买家出现了，你如释重负，谈判中的压力和紧张感也随之而去。客户此时正坐在你的办公室里签着支票。可就在他准备签名时，突然抬起头来问道："这价格还包括把油箱加满，对吧？"

这时候你会处于一种最为脆弱的状态，原因有二：

- 你刚刚做成了一笔生意，感觉非常良好，有可能会做出一些平时不会做的让步。
- 你心里可能想："哦，不是吧。我还以为一切都谈妥了。我可不想冒险重新谈判，那样我很可能会失去这笔生意。看来我还是做个小让步吧。"

当客户决定接受你的建议时，通常也就是你最为脆弱的时候。一定要留心对方使用蚕食策略。你谈成了一笔大生意，自然会非常兴奋，迫不及待地想打电话给上司报告喜讯。这时客户告诉你，他需要给采购部门打个电话才能拿到采购订单号。通电话时，他突然用手捂住话筒，对你说："你能给我们60天的账期，对吧？你所有的竞争对手都是这么做的。"由于刚谈成了一笔大生意，你可不想失去这笔生意，也不想再重新谈判，所以你很可能会同意对方的这种要求。

以下方法可以帮你避免被买方蚕食：

- 以书面形式告诉对方其他服务的价格。把你先前提到过的附加条款列出来，并标明价格。列出培训、安装、延保以及对方可能会感兴趣的一切费用。
- 不要让对方觉得你有让步的权力。利用前面学过的更高权威和好人/坏人策略来保护自己。

当对方试图蚕食你时，不妨用一种委婉的方式让对方感到羞愧。一定要小心行事，因为此时你正处于谈判过程中一个比较敏感的阶段。你可以微笑着告诉对方："哦，得了吧，这个价格已经很合适了。别再让我们等账期了，好吗？"记住，你说这话时一定要面带笑容，这样对方才不会太在意你的拒绝。

你还需要学会应对买方在谈判结束后的蚕食行为。有时你的客户会后悔自己没能在谈判中蚕食到好处，于是会在谈判结束后抛出额外的要求。比如：

- 他已经同意把账期定为30天，却故意拖到60天（甚至更长时间）才支付。
- 或者他可以在30天之内准时付款，但要你给出15%的折扣。
- 他可能还会要求你提供账单细目，以此来拖延付款时间。
- 又或者他不愿支付安装费用，声称你当初没有提到这笔费用。
- 他还会以你的竞争对手不收该项费用为由拒绝各种款项。
- 或许他签订了整车装运的合同，但在最后一刻打电话要求减少采购量，却仍要求按整车的价格交货。
- 他可能会削减甚至拒绝支付工程费用，虽然在谈判时他曾表示这些都是小问题。
- 他还可能要求提供额外的证书，却不愿承担相应费用。

为避免这些不愉快发生，你可以采取以下方式：

- 事先与对方协商好所有细节，并以书面的形式记录下来。不要含糊其词，比如"这件事我们以后再谈"。不要偷懒，别想着通过逃避争议点来达成交易。

- 运用优势谈判技巧，为买家制造一种已经赢得谈判的氛围。一旦形成了这种感觉，他往往就不会诉诸蚕食策略——无论是在谈判过程中，还是谈判结束之后。

　　优势谈判高手总是会考虑到对方可能会提出更多要求，并为自己保留余地。掌握好时机是制胜关键。一旦双方解除了紧张感，立即行动。因为这时对方会以为谈判就要结束，从而放松警惕。

　　另外，要小心对方可能会在最后一刻"反咬一口"。因为这是你最脆弱的时刻，通常会做出一些让自己后悔的决定。可能半个小时以后，你就会对自己说："我到底做了什么？我根本没有必要这样做。明明所有的问题都已经谈妥了。"

要点回顾

- 只要能把握好蚕食的时机，你就可以在谈判结束时让对方答应一些他起初拒绝的要求。

- 蚕食策略之所以有效，是因为一旦做出了某项决定，对方的大脑就会不断强化这个决定。在谈判刚开始时，他可能会对所有的建议感到抵触。可一旦对方接受了你的建议，你就可以通过蚕食的方式提出更多的要求，比如说要求对方提高订单金额、升级产品或者提供更多的服务等。

- 愿意在谈判结束时再努力一次，是区分伟大的推销员和好的推销员的关键所在。

- 当发现对方在使用蚕食策略时，不妨以书面形式告诉对方其他服务的价格，同时不要让对方意识到你有决定权。

- 当对方对你进行蚕食时，可以设法让对方为自己的行为感到惭愧，但一定要注意语气。

- 在谈判结束时对所有的细节问题进行总结，并努力让买方感觉自己赢得了这场谈判，以避免对方在谈判结束之后再提出更多要求。

第19章
让步模式

下面我来教你让步模式。在就价格问题进行长时间谈判时，注意千万不要形成一个固定的让步模式。假设你在出售某种设备，刚开始的报价是1.5万美元，而你的心理底价是1.4万美元，那么你的谈判空间就是1000美元。

而真正关键的是你应该以何种方式让出这1000美元。在做出让步时，你应当避免以下四种错误：

错误1：等幅让步。 等幅让步意味着你会以每次让步250美元的方式，分四次让出1000美元。

$250　$250　$250　$250

你这样做的时候，对方会怎么想呢？他并不知道你到底愿意降多少，他只知道你每让一步，他就能省下250美元，所以他会不断地要求你让步。事实上，这种等幅的让步一次都不该发生。试想一下，现在你是买家，销售人员先是让价250美元，之后你继续紧逼，对方又让了250美元，你难道不觉得对方下次让步还会是250美元吗？

错误2：最后一次让步太大。 如果你第一次让了600美元，第二次是

400美元，那么你的让步模式就是：

$600　$400　$0　$0

接着你告诉对方："这就是底线了，我们一分都不可能再让了。"可买家会觉得，既然你第一次让幅是600美元，第二次是400美元，这样看来你至少还能再让个100美元。他会说："有点儿进展了。如果你愿意再让100美元的话，我想我们可以继续谈。"你一口回绝，并告诉对方就算是10美元也不会再降了，因为你已经给出自己的底线了。这时对方很可能会感到愤怒，因为他觉得："你刚刚还让了400美元，现在居然说10美元都不肯让，怎么这么不讲情面！"所以最后一次让步的幅度千万不要过大，这很可能会让对方产生敌对情绪。

错误3：开始时就一步到位。这种让步模式就是一股脑儿地把1000美元全部让掉。

$1000　$0　$0　$0

你会想："怎么可能有买家会让我一次性全让掉呢？"其实很简单。比如，客户给你打来电话，表示"我们有三个意向供应商，你是其中之一。你现在的报价太高了，所以我们认为最公平的做法就是听听你们三家的最终价"。

买方还有另外一种方法可以让你把价格一降到底，那就是表示自己"不喜欢谈价"。你的对手会一脸真诚地告诉你："告诉你我们是怎么做生意的吧。早在1926年，当我们的创始人刚开始创办这家公司时，他说：'一定要善待我们的供应商，不要和他们讨价还价。让他们给出最低价，然后直接告诉他们我们能否接受。'多年来我们也一直是这么做的。所以你只需给我个'一口价'，我们会直接给你明确的答复。因为我们不喜欢讨价还价。"很显然，你的对手在撒谎！他明明很喜欢讨价还价。他对你说的这番话本身就是在试图砍价，想看看能否在一开始就把价格降到最低。

错误 4：先用小让步来试水。我们往往倾向于先稍微降一点儿，看看对方有什么反应。你可能会告诉对方："好吧，我可以把价格再降低 100 美元，但这已经是极限了。"如果对方拒绝，你会觉得："看来这场谈判并没有我想的那么容易。"于是你又降了 200 美元。可对方还是不愿接受。于是在下一轮谈判中，你做出了 300 美元的让步，这时你的谈判空间只有 400 美元了，最后你干脆一下子降了 400 美元。也就是：

$100　$200　$300　$400

看看你都做了些什么！虽说你从小的让步开始，可慢慢地，你让步的幅度越来越大。这样下去你永远都不可能达成交易，因为从对方的角度来看，每当他要求你降低价格时，你都让他尝到了更大的甜头。

之所以会出现这些问题，是因为错误的让步方式让买家在心中设立了一种期待值。其实最佳方式是先做出一个合理的让步。例如谈判范围的一半，500 美元的让步并不会太出格。需要注意的是，在随后的让步中，一定要逐渐减小让步的幅度。你后续的让步幅度可以是 200 美元，然后是 100 美元、50 美元……

$500　$200　$100　$50……

逐渐减小让步的幅度，实际上是在告诉对方，这已经接近你的底线了。

如果你想要测试一下它的效果，不妨先拿你的孩子做个试验。等下次他问你要钱参加郊游时，如果他想要 100 美元，你可以说："没门儿！我像你这么大时，每周可只有 50 美分的零花钱。而且我还得自己掏钱买鞋子，每天还要在雪地里步行 10 英里去上学，来回都是上坡。为了省钱，我甚至会脱掉鞋子赤着脚走路（或是世界各地的父母老生常谈的其他故事）。所以我不可能给你 100 美元，最多 50 美元。"

"可 50 美元根本不够用。"你的孩子为难地抗议道。

此时，谈判范围已经确立。他要 100 美元，而你只愿给 50 美元。谈判处于胶着状态。你把数目抬到 60 美元，然后是 65 美元，最后到了 67.5 美元。当达到 67.5 美元时，你甚至无须告诉他这已经是上限了，因为孩子已经意识到这一点了。通过逐步减小让步幅度，在潜意识里告诉他，你已经不可能再让步了。

应对策略

在谈判过程中，应当时刻保持警惕。要留意客户对你做出让步的幅度，并把它们记录下来。但千万不要因为对方让步幅度缩小而认定对方已经接近底线。他可能只是在对你使用让步这一策略。

要点回顾

- 你让步的方式可能会在对方的心里形成一种期待值。
- 切勿做出等幅的让步，因为一旦如此，对方会不断地对你施压。
- 最后一次让步的幅度不要过大，这可能会招致敌意。
- 千万不要因为对方要你报出"一口价"，或者声称自己"不喜欢谈价"而一降到底。
- 逐步减少让步空间，就是在告诉对方，这已经接近你的底线了。

在接下来的第 20 章中，我会教给你一个非常有效的方法，帮助你争取到更好的成交价格。

第20章
收回报价

　　我们继续学习终局销售谈判策略，本章我将教你如何通过收回报价有效地结束一场谈判。注意，如果对方始终用真诚的态度进行谈判，则无须选择这种方式。只有当你感觉买方一直在拼命榨取你的全部利润，又或是对方虽有意合作，却仍在算计着"如果我多花一点儿时间和他谈判下去的话，不知道一个小时可以省下多少钱"时，再诉诸该策略即可。

　　假如你在出售一些小零件，你给顾客的报价是每件1.8美元，而对方则出价1.6美元。经过反复协商，最后对方表示愿意接受1.72美元的价格。可与此同时，他在想："我从1.8美元讲到了1.72美元，他肯定还能再让1美分，我一定能把价格砍到1.71美元。"

　　于是他说："是这样的，现在生意真的很难做。除非你愿意把价格降到1.71美元，否则我实在做不来这笔生意。"

　　他可能只是在引诱你，想看看你能否再退一步。此时千万不要惊慌，更不要为了保住这笔交易而同意让步。你可以告诉他："我也不确定这个价格是否能做。但如果条件允许的话，我肯定会答应你的要求。"这里其实是以一种微妙的方式，用到了前面讲过的好人/坏人策略。"我回去请示一下，我们会重新设计方案，看看能不能接受你的条件。明天我再来给你答复。"

第二天回到他那里时，你要假装收回你在第一天所做出的让步。不妨告诉他："这真是太难以启齿了，可我们核算了一整晚，却发现有位估价员犯了个大错。产品原材料涨价了，但当初的成本估算却没有考虑到这一点。我知道我们昨天谈好的价格是 1.72 美元，可现在恐怕连这个价格也不行了——我们现在能接受的最低价是 1.73 美元。"

这时对方会是什么反应？他一定会大发雷霆："什么？你等等。昨天我们谈的可是 1.72 美元，我只接受 1.72 美元！"就这样，买家很快忘记了想砍到 1.71 美元这茬。收回报价可以有效地叫停买方无休止的压榨。

除了抬高价格，你还可以通过收回某项谈判条件的方式来达到同样的目的。下面是四个例子：

- 我知道我们讨论过免除安装费用，可同事们告诉我，以目前的价格，我们实在承担不起。
- 我知道我们谈定的价格包括运费，但估价师告诉我，如果这么低的价格还要免费送货，那我们一定是疯了。
- 虽然你们要求账期为 60 天，但按这个价格，我们还是希望你们能在 30 天内结款。
- 没错，我的确承诺过会免除培训费用，但我的同事说，鉴于目前的价格，我们不得不另收培训费。

切记不要收回那些关键的条件，因为那极有可能会激怒对方。收回报价策略就像是一场赌博，但它能敦促对方做出决定，且往往决定着一笔生意的成败。

应对策略

大家一定都遇到过这种情景,某位电器或汽车销售人员说:"我去请示一下经理,看能不能为你争取一下。"之后他回来告诉你:"情况有点儿尴尬。我们刚才一直在讨论的那款是特价产品,我原以为优惠还在进行,可这个活动上周六就已经结束了,所以就连刚才的价格我们都接受不了。"于是,你马上就忘了自己刚才要求的让步,恨不得立刻以对方先前的报价达成交易。所以,千万不要让这种事情发生。

当有人对你使用这种策略时,不要害怕,坚决要求对方先解决自己的内部问题。让他先弄清到底谁有权做出最终的决定,再展开进一步的谈判。

要点回顾

- 收回策略就像是一场赌博,因此仅用于那些咄咄逼人的客户。
- 你可以通过抬高价格,或是收回承诺过的送货、安装、培训费用,以及缩短款期等方式灵活运用该策略。
- 为避免直接与客户产生对抗,可以虚构一个模糊的更高权威来充当黑脸,自己继续假装站在客户那边。

第21章
"留面子"策略

在面对同样学习过谈判技巧的对手时,这一策略会显得尤为重要。 如果对方对自己的谈判能力很是自信,你会惊讶地发现双方可以在很短的时间内达成共识,可最终的结果却依旧事与愿违。在这种情况下,真正的问题可能并不出在价格或是某些条款上,而是对方的自我意识在作祟。

你可能并不知道,就在你来到对方的办公室之前,他曾告诉采购经理:"你就看着我怎么和这个销售员谈判吧,我敢保证我能谈个好价钱。"

可在实际谈判中,对方的表现可能并没有预期的那么好,同时他又不愿接受你提出的价格,因为他不想在谈判中输给你。即便对方知道你的报价很合理,而且能满足他的要求,他也仍会选择拒绝你。

遇到这种情况时,你必须找到一种适当的方式,让对方在认可你的同时还能保住面子。这就要求你采取更易被对方接受的姿态,即"留面子"策略。优势谈判高手知道,要想做到这一点,最好的办法就是在最后一刻做出一些小让步。哪怕这时的让步小到离谱也无妨,因为关键并不在于你让步的幅度,而是让步的时机。

你不妨告诉对方："价格方面我确实没办法再让步了。但如果你能够接受这个价格，我将亲自监督安装工作，确保一切顺利。"或许你本来就打算这么做，但重点是你以十分谦恭的态度照顾到了客户的面子，因此他会说："好吧，既然你愿意亲自监督安装，我们可以接受这个价格。"这样他就不会感觉自己输掉了谈判，而是与你交换了一下条件而已。

这也解释了为什么在谈判时不要一上来就给出最低价。一旦你给出最低价，在谈判结束之际，你便没有任何让步的空间了。

以下是一些可供参考的小幅让步：

- 为对方提供免费的设备操作培训。
- 如果你出售的是办公设备，可以向对方提供存货服务，并设置一个自动续订系统。
- 如果对方想要再次下单，告诉他此次成交价可保留 90 天。
- 将账期从 30 天延至 45 天。
- 将保修期从 2 年延至 3 年。

记住，真正重要的是让步的时机，而不是幅度。所以即便是很小的让步，效果也不容小觑。通过使用该策略，优势谈判高手可以让对手欣然接受自己的条件。

应对策略

当客户为了缓和你的情绪而做出一些象征性让步时，直接拆穿他，千万不要让他得逞。你可以这样回应他："我很感谢你肯做出让步，但这种象征性让步并不能解决问题。别忘了，我还得把你的条件上报给公司。希望你能给我一个合理的让步，好让我有机会说服他们。你看这样可以吗？"

要点回顾

- 如果买方对自己的谈判能力十分自信，那么他内心对于赢的渴望很可能会导致双方谈判失败。
- 不妨在谈判的最后一刻做出一点儿小小的让步，让客户感到满意。
- 让步的时机比让步的幅度更重要，所以即便是很小的让步，其效果也不容小觑。

第22章
起草合同

现在口头谈判即将结束，是时候起草合同了。在典型的谈判当中，情况往往是先口头协商好所有的细节，然后以书面形式记录下来，供双方查阅和审批。我还没遇到过仅凭口头谈判就能涵盖所有细节问题的情况。在口头谈判时，我们总是会遗漏一些必不可少的细节。当双方坐下来签署书面协议时，我们不得不说服另一方或与对方重新协商这些要点。而这时起草合同的一方便拥有巨大的优势。

大多数情况下，起草合同的一方在草拟文件时，至少能想到五六条在口头协商中没有涉及的条款。这时起草者就可以按照对自己有利的方式阐述这些条款，而另一方则只能在正式签署时再做思考。

因此，千万不要让对方起草合同，这样会让你陷入非常不利的境地。这一原则既适用于寥寥几字的报价单，也适用于上百页的合同。打个比方，一名房产经纪人向公寓业主们提出了一份报价。对方同意了报价的基本内容，但希望经纪人能把价格再提高5000美元。此时买卖双方都可以立马从自己的公文包里抽出一份还盘文书，经纪人会写一份简短的还盘文书交由业主签字，再让销售代理拿给买方批阅。内容也无须多么复杂，只要写一句"双方一致认可，最终价格为59.8万美元"就够了。

可问题是，如果由房产经纪人来撰写这份还盘文书，他可能就会增加一些有利于业主的条款。比如他可能会写道："双方一致认可，最终价格为59.8万美元。增加的5000美元承兑后存入代管机构。还盘有效期为提交后24小时内。"

而如果是买方代理来写还盘文书，他可能会这样写："双方一致认可，最终价格为59.8万美元。增加的5000美元在卖方接受后以支票形式支付。"

这些条款并无太大的实质性意义，急于达成交易的买卖双方通常不会因此而叫停交易。但毋庸置疑，它确实能为起草协议的一方带来好处。既然一段话就能产生这么大的影响，那么试想一份几页的合同当中又会存在多大的差别啊。

请记住，这并不仅仅是占对方一点儿小便宜的问题。在谈判过程中，即便双方都满心以为达成了共识，可实际上他们对协议要点的理解可能仍然存在巨大的差距。这方面一个最典型的案例就是由美国总统卡特、埃及总统安瓦尔·萨达特（Anwar Sadat）和以色列总理梅纳赫姆·贝京（Menachem Begin）签署的《戴维营协议》（*Camp David Accords*）。三方在戴维营谈判数日，却依旧毫无进展。就在大家都感觉一切只是徒劳时，谈判却突然取得了突破性的进展。兴奋之余，他们立即飞往华盛顿，并在公众的广泛关注下签署了该协议。在白宫东厅，向来持重的梅纳赫姆·贝京转向他的妻子说："亲爱的，今晚我们要被载入史册了。"可事实并非如此。在该协议签署之后的许多年里，协议上的内容基本没有得到执行。由于激动的情绪占了上风，他们都以为已经达成了共识，可事实却远非如此。

如果你是起草合同的一方，在前序的谈判过程中最好做些笔记，并在涉及关键部分的页边空白处打上钩。这样做有两个好处：

- 它能提醒你在起草合同时不遗漏谈好的要点。
- 当你遇上那些不太确定、不知该不该写进合同的要点时，它可以给你足够的自信把这些写进合同里。

如果你在进行团队谈判，那么在把合同呈交给对方之前一定要让自己团队的全部成员检查一遍。你可能忽略了某个要点，或是误解了某个问题。主谈判人员往往会受到情绪的牵制，从而误以为对方已经同意了某些条件，而那些相对独立的观察员其实更能看清问题。

我不太赞成让律师作为代表参加谈判，因为他们大多不是什么谈判高手。律师往往是对抗性谈判者，因为他们习惯于威胁对方就范，并且很少能提出富有创造性的解决方案。毕竟律师的首要任务是帮你解决麻烦，而不是帮你赚钱。记住，在法学院里，学生们学的可不是怎么促成交易，而是如何破坏交易。当然，在这个法制社会中，签订一份不具有法律效力的协议是没有任何意义的，所以在签字前还是要让你的律师先批准。草拟合同的乙方承担着更大的法律责任，如果合同中有含混不清的字眼，法官就会责问起草合同的一方，这很可能会导致你输掉官司。在一份复杂的协议中，双方开始时签订的文件最多称得上是一份意向书，只有经由律师之手才能成为法律文件。所以，你应该把自己的主要精力用在促成双方达成协议上面。

一旦口头谈判结束，须尽快整理出一份备忘录。中间耽搁的时间越长，对方就越有可能忘记先前达成的共识，从而导致在签字时对具体条款产生怀疑。

同时一定要确保对方充分理解合同的内容。当对方还没弄清楚某些条款时，千万不要急着让他签字，否则一旦出现问题，他会把责任全推到你的头上。

我发现在谈判开始之前就准备一份合同其实很有帮助。我并不会把它拿给对方看，但我会把它和双方最终达成的协议进行对比，这样就能看出我在谈判中取得了多少成果。有时如果对方做出了一些超出你预料的让步，你很容易因此兴奋过度，进而相信自己已经达成了非常好的交易。它可能的确是一笔不错的交易，但如果没有一个预设的标准进行比较，最终呈现出的结果可能并不是你最初想要的。

如果你感觉对方可能并不会同意你所准备的合同，不妨加上一句"贵方律师有权以任何法律问题为由拒绝签署本合同"，以此来鼓励对方签署。如果他仍然不愿意签字，你可以把这句话改为"先经由贵方律师审批"。

现在合同已经写好了，轮到你签字了。不幸的是，在这个打印合同的时代，每次拿到合同你都得重新审读一遍。过去，大多数合同都是用打字机打出来的，双方会各自审读，标出异议。当合同再次送到你面前时，你只需快速浏览一下那些修改的地方就可以了。可如今的合同都是用电脑打印出来的，因此我们不得不重新打开电脑，修改文档，再打印出一份新合同。

这就带来了一定的风险。你可能并不同意合同中的某项条款，对方同意修改，并表示他会发给你一份更正后的合同供你签字。当修改后的合同送到你的桌上时，你可能只有时间粗略浏览一下你曾提过的地方，然后就直接翻到最后一页，签上自己的名字。不幸的是，由于你并没有花时间重新读完整份合同，所以你并没有意识到对方还做了一些其他修订。这些变化可能事关重大，比如将"FOB 工厂"改为"FOB 工作地点"，当然也可能只是一些措辞上面的小变化，小到许多年后真的出了问题才会浮出水面。

没错，你完全可以起诉对方，但为什么要给自己惹上这些麻烦呢？你需要意识到的是，多年以后，你可能都不记得自己当初答应过什么，所以你只能假定自己当初确实做过这个承诺。

记住，即使面对机打合同，每次修改完后，你也必须重新通读一遍。

应对策略

如果对方率先表示要起草合同，你要告诉对方："听着，我们的确需要一份书面文件，但其实没有必要花费太多精力。我可以委托我的律师来做，这样我们双方都能省心。"也就是说你宁愿自己搭上律师费，也要坚持由自己来起草合同。

要点回顾

- 起草合同的一方往往会有巨大的优势，因为在草拟合同时，你总是会想到一些双方在口头谈判中没有涉及的细节。作为起草合同的一方，你就可以把它按照有利于自己的表达方式加进去。当对方审阅合同时，他就会把全部精力都放在重新谈判这些要点上。
- 在谈判的过程中要做好笔记，并在需要纳入合同的关键处打钩。它能提醒你把这些条款写进合同，同时可以保证你把那些自己不太喜欢的条款也添加到合同中。
- 如果你在进行团队谈判，一定要让你方团队成员审读合同。因为有时你可能会因为急于促成交易，而添上一些对方并没有承诺过的条款。
- 在正式签署之前，必须把眼前这份合同仔细通读一遍。谁知道对方有没有偷偷修改其中的某些内容呢。

第5部分

价格没有你想象的那么重要

第23章
客户其实愿意多花钱

在对销售人员进行了近20年的培训后,我几乎可以肯定地说,相比客户,销售人员其实更关心价格问题。我甚至大胆地认为,那些表面上一直在讨价还价的客户,心里其实盼着价格能再高一些。虽然你可能觉得很荒谬,但且听我把话说完。首先,你要知道价格高低只是一个主观角度问题。你以为很高的定价,在客户看来反而可能很便宜。

30岁出头时,我在加州贝克斯菲尔德市(Bakersfield)的蒙哥马利·沃德(Montgomery Ward)百货公司当过商品经理。贝克斯菲尔德并不是什么大城市,但在这家百货公司的600多家连锁店中,我所在的门店销量位居全美第13名。我们是怎么做到的呢?在我看来,这是因为总部从不对我们进行干涉,允许我们根据当地居民的需求进行销售。比方说,当地的夏天酷暑难耐,我们就利用家用空调做了一笔大买卖。贝克斯菲尔德的夏天,即使是夜里,气温也高达37℃。当时,该市普通蓝领的住房价格大概是3万美元,而安装一台空调的成本是1万—1.2万美元。我很难让新来的销售人员接手这个项目,因为他们觉得不会有人愿意买价格比自己一年收入还要高的产品。他们根本不相信会有人在只值3万美元的房子里装上一台1.2万美元的空调。可事实上，客户愿意支出这笔费用——这点从我们的销售额上就可以看出来。反倒是销售人员不愿意向客户推销空调，因为他们觉得这东西贵得离谱。

可一旦新来的销售人员赚到了钱，要为自己家里装上一台空调时，他们立刻又会觉得空调其实没那么贵。

刚起步的股票经纪人也会遇到同样的问题。当他们自己连饭钱都要精打细算时，自然很难说服客户拿出10万美元来投资。可一旦他们自己变得富有，销售额就会像滚雪球一样越滚越大。所以，我认为其实销售人员比客户更在乎价格。

我有一名客户是设计师，同时还是采购点销售及展品供应商（所谓采购点，就是指能够直接面向客户进行销售的东西。它既可以是展示包装，也可以是汽车展厅里介绍某款车型功能的电视屏幕）。他告诉我，如果某家商店的货架上有3种产品（比如说3种烤面包机），并且每种产品的功能特点都详细地写在了展示卡上，除非售货员过来推荐，否则客户会倾向于选择定价最高的产品。然而，那些领着最低薪水的销售人员无法理解客户为什么会为一台烤面包机花那么多钱，并且会坚持建议客户选择那些中低价位的产品。

采购点最重要的是介绍产品的展示卡，其次便是整个商店的氛围。前者是为了给客户一个非买不可的理由，而后者则是让客户相信，再没有什么地方的价格比这里更低了。如果你能做到这两点，客户就会愿意多花钱。

我认为花钱应该是美国人最擅长的事情了。这个国家的人每年要花掉6万亿美元，如果再遇上深谙推销之道的售货员，这个数字很可能会上升到7万亿美元。这里说的还是我们辛苦赚来的钱的税后数额。试想一下，如果是采购负责人来花公司的钱呢？那肯定比花自己的钱还要快乐。别忘了，公司的开支是免税的，也就是说公司每花一笔钱，山姆大叔就会承担40%的成本。

所以，我认为这么多年来，我们其实都犯了个错误。在向别人推销东西时，对方很可能是在想着怎样才能花掉更多钱。但要想让对方愿意付更多的钱，你必须做到以下两件事情：

- 给对方一个多花钱的理由。
- 让对方相信，他再也不能从任何其他地方买到比这更优惠的东西了。

第二点正是优势销售谈判的意义所在。我在本书中讲到的所有技巧，都是为了让你的对手相信自己才是谈判的赢家。让我们好好思考一下，价格真的有那么重要吗？假如你打算买一部新车，2万美元和2.1万美元的价格真的区别很大吗？答案是否定的，因为你很快就会忘记自己到底付了多少钱，而且稍微多付点儿钱也不会影响到你的生活质量。真正重要的是你感觉自己做成了一笔好生意。当你兴高采烈地告诉同事"我做了笔超划算的生意，我把价格压到了2.1万美元"时，你可不想听到有人说："多少钱？我的朋友也买了一部跟你一样的车，可他只花了2万美元。你应该去主街汽车城买的。"这才是真正让客户感到难过的事——他们感觉自己并没有得到最好的条件。

不过，销售人员最常听到的话却恰恰是对价格的抱怨。客户总说："我很想跟你做生意，但价格实在太高了。"实话告诉你吧，其实这跟价格根本没有任何关系。即便你把价格降低20%，客户仍然会这样抱怨。

我曾给世界上最大的割草机供应商做过员工培训。你很可能买过他们的产品，因为打折商店里大部分低价贴牌的割草机都出自他们工厂。割草机的生产成本实在没法减了。如果你在家得宝买了一台割草机，店员帮你搬到车上后你给了他2美元小费，而这时厂商所得到的利润甚至都没有那笔小费多。这一行的利润就是这么微薄。然而，当我问他们在商店里听到顾客抱怨最多的是什么时，你猜他们说的是什么。没错，就是"你们的价格太高了"。

你之所以常听到这样的抱怨，是因为你的客户也在研究谈判策略。每当参加行业大会或是坐在酒吧里闲聊时，他们会说："知道怎么逗销售员吗？你先让他做完整个演示，随便用多长时间都行。当他最终告诉你价格时，你就靠在椅子上，把脚放到桌上，然后对他说：'我很想跟你做生意，可你们的价格实在太高了。'这时候你可得忍住了，因为对方结结巴巴、不知所措的样子实在太好笑了。"

为了不被对方耍得团团转，你必须学会把谈判看作一场游戏。首先，你必须学会游戏规则。然后不断练习、再练习，直到精通这些规则。随后，需要全力以赴地投身实战。当你头脑清醒，并且充满活力时，谈判就会成为一种很有趣的游戏。

下次向客户推销时，一定要记住，他其实愿意花掉更多的钱。而你所需要做的，就是给他一个多花钱的理由，并让他相信自己不可能在别人那里得到更优惠的条件了。

第24章
比价格更重要的东西

一位记者曾经问宇航员尼尔·阿姆斯特朗（Neil Armstrong）如何看待"阿波罗11号"登月，他回答道："如果你坐在200万个政府用最低价买来的零件组装的东西上，你会做何感想？"这个回答非常可爱，但同时也反映出一个广为流传的误区：政府只会跟标价最低的供应商做生意。毫无疑问，这并不是事实，可令人震惊的是，居然有那么多人相信这是真的。在我的"优势谈判的秘诀"培训课上，我总能听到有人说："不得不跟政府打交道时，我们该怎么办呢？他们总是会选价格最低的那家。"

有一次在飞往东海岸的航班上，我旁边碰巧坐着一位五角大楼的采购官员，我便向他提出了这个问题："我一直听说，政府采购时只会选择最低标价的那家。真的是这样吗？""当然不是。"他告诉我，"如果真是那样的话，我们就有大麻烦了。对于我们来说，成本并不是最重要的问题。我们真正关心的是一个公司的资历，负责生产该产品的工人和管理团队的资历，以及他们按时完成工作的能力。按照规定，我们会从那些符合所有要求的竞标者中选择报价最低的一家。但如果我们发现某家供应商是最合适的选择，我们会在制定标准时就参考这位竞标者的条件。"

也就是说，即便面对联邦政府，价格也不是最重要的考虑因素。而对于那些法律并没有要求公开招标的公司，价格就更不是问题了。下面，我们来看一下对于客户来说比价格更重要的要素——要让客户相信自己得到了你所能提供的最好的条件。

- **产品或服务的质量。**销售人员经常会告诉我，他们的产品显然成了一种交易品。他们觉得对于客户来说，从谁那里购买并不重要，因为他们只会关心价格。一派胡言！你自己买东西时难道只关心价格吗？就算你知道钉子是最便宜的东西，你会专程去五金店买吗？当然不会。

  如果客户真的只关心价格，那么90%的商店都会关门大吉，而唯一能生存下来的就是提供最低价格的那家——这种情况显然是不可能发生的。所以你一定要意识到，当客户告诉你，他只是把你的产品看成一种交易品的时候，这其实只是他的一种谈判策略，他的真实感受可能并非如此。

- **你所提供的条件。**许多大型公司在这方面所获的利润远比出售产品要多。我最近租了一辆顶级豪华轿车，这更让我深信，制造汽车只是这家公司的一小部分利润来源。真正的利润来自租赁或购买汽车时所制定的条款。

- **你的交货安排。**你能保证一直在对方需要的时候将产品送到吗？你能否提供即时库存服务？你是否愿意把货物存到对方仓库，然后按照实际用量收费？

- **你的销售和服务经验。**你是否熟悉对方的公司类型以及运作方式？你是否擅长与此类公司打交道？

- **你所做的承诺以及承兑态度。**我曾花了几百美元在一家图片商店买了一件产品。几个月后，有个零件坏了，于是我拨打了他们的800售后电话，看他们能否帮忙解决这个问题。刚一听明白我的问题，对方接线员就表示："如果你能告诉我你的地址，我立刻就可以用联邦快递给你送去一个新零件。"我说："你难道不需要知道我是什么时候在哪里购买的产品吗？而且我不确定自己还能不能找到收据。""我并不需要知道这些，"他说，"我只想确保你对我们的服务感到满意。"当一家公司能像这样兑现自己的承诺时，我还会关心它的价格是否最低吗？当然不会。

- **退货制度**。当产品滞销时，你是否愿意接受退货？你是否愿意负责清点并收回库存？
- **双方建立合作伙伴关系**。商家们逐渐意识到跟供应商之间建立互惠关系的重要性，过去供应商与客户之间彼此敌对的关系正在消失。
- **信用**。公司的信用可能比价格还要重要，尤其是对于初创公司或是现金流周期性很强的公司来说，更是如此——它们需要确保你在不景气的时候依旧有足够的承受力。
- **员工素质**。当客户需要完成某种产品（航空航天、建筑行业）或需要你提供某种服务时（法律服务、审计或会计工作、计算机服务），比价格更重要的因素还有：

  1．接管工作的员工的素质。

  2．监督该项工作的管理层级别。

  3．是否有能力并愿意为他们量身定做产品和包装。
- **你给予对方的尊重**。很多时候，客户之所以会从一家大型厂商转向一家小型供应商，就是因为后者会给予自己更多的尊重。
- **图个清静**。美国电话电报公司（AT&T）的电话业务价格远比斯普林特（Sprint）和MCI高得多，而且它也从未以便宜自称。但我却一直选择该公司，因为我已经用了很多年，不愿意再那么麻烦去更换电话公司了，况且我还有很多更加重要的事情要做，根本没时间去为了每次通话节省几美分而更换长途电话公司。
- **可靠性**。你们的产品和服务能否保持高质量，客户能否一直信赖你们。

总而言之，我想提醒你的是，价格并没有你想象的那么重要。只是因为你在从事销售工作，所以才会夸大价格问题。而客户之所以会在价格上大做文章，只是因为想得到更好的交易条件。千万不要被对方所迷惑，误以为价格是对方最关心的问题。

第25章
确定客户愿意付多少钱

在前文中我已经指出，销售过程中价格并不是最重要的因素。现在我们来讨论如何确定客户心里的最高价位。在销售过程中，客户的谈判范围往往是从他的理想价格（他希望你能给出的价格）一直到放弃价格（他所能承受的最高价格）。那么，我们该如何判断对方的放弃价格呢？

下面我来讲一些相关策略。假设你在向一些计算机制造商推销开关设备，以下技巧或许能帮到你：

- **通过虚构的更高权威之口提高价格。** 比如，对方过去的采购价是1.5美元，而你的报价是2美元。你可以告诉对方："毫无疑问，你也觉得我们的产品质量更好。如果我能说服上司把价格降低到1.75美元，你可以接受吗？"有了更高权威的保护，也就意味着你不是必须要把价格降到1.75美元。但通过这种方式，你成功地把双方的最低心理价位提高到了1.75美元，这样一来双方之间的分歧就只有25美分，而不是先前的50美分了。

- **提供低配选择，以此判断对方的质量标准。**"如果你不太在乎铜触片的质量，我们也可以把价格降低到 1.5 美元。你觉得这样可以吗？"这时，对方很可能会主动表示价格并不是自己唯一关心的问题，他更关心的是质量。
- **提供高配选择，判断对方愿意承受的最高价位。**"我们可以给开关加上一些很牛的新功能，但价格可能要提高到 2.5 美元左右。"如果客户对新功能感兴趣，你就可以判断出他有能力支付更高的费用。如果他说："就算你在上面镶钻也没用，我们的报价不可能超过 1.75 美元。"这时，你就能知道价格范围对客户来说的确是个关键问题。
- **将自己从潜在供应商列表中移除。**该策略可以让客户放松警惕，甚至可能会让他透露一些本不会讲给厂商的信息。比如，你可以告诉对方："简，我们很喜欢和你谈生意，可这次的项目不适合我们，以后有机会再合作吧。"这可以让对方放松警惕，稍后，你可以告诉她："很遗憾不能和你合作，不过私下问一句，你们能接受的价位是多少？"这时她很可能会说："我也知道 1.5 美元这个数字有点儿低，但我想我可以把价格提高到 1.8 美元左右。"

也就是说，客户心中会有个理想价格和放弃价格。谈判过程中，你通常不知道对方的放弃价格是多少，因为他会一直围绕着自己的理想价格跟你谈判。但通过使用这些策略，你就可以找到对方真正的放弃价格。

从我们在这一章所讨论的内容可以看出，围绕价格这个话题可谈的还有很多。

要点回顾

- 不要夸大价格因素，误以为它是对方最关心的问题。
- 不要误以为你卖的只是一个交易品，那只不过是对方使用的一个谈判策略罢了。低价并不是唯一一种脱颖而出的方法。

第6部分

优势成交的秘诀

第26章
销售的四个阶段

想要做到优势成交,首先必须明白,终局策略其实只能达到一个目的:敦促买家更快做出决定。这是一个巨大的优势,因为对方做出决定的速度越快,你就越可能得到自己想要的东西。相反,你给对方思考的时间越长,你如愿以偿的机会也就越小。

有些销售人员参加过"ABC"销售培训,ABC就是人们常说的"一定要成交"(Always be Closing)原则,所以他们从接触客户的那一刻起就直奔主题。这样未免太急于求成了。还有一些人直至意识到客户可能会拒绝时才急着成交,但为时已晚。要想成为一名真正的优势谈判高手,必须意识到让对方尽快做出决定的重要性,否则你很可能会错失良机。

优势谈判高手知道,销售过程通常分为四个阶段:

- **寻找目标。**寻找需要你的产品或服务的人。
- **筛选客户。**筛选出能够负担得起你的产品或服务的人。销售是一门生意,而不是一种宗教或社会服务,所以你不该把时间浪费在那些根本负担不起你的产品或服务的人身上。
- **激发欲望**。设法让对方非常渴望你的产品或服务，更重要的是，要让他只想跟你达成交易。这个步骤非常重要。如果你在激起对方的购买欲之前就匆忙结束交易，说明你只是在逼迫对方购买自己并不想要的东西。而这无疑是一项艰难的工作，它意味着你可能不得不降低价格来促成交易。并且这种做法肯定无法让客户满意，它只会让对方感觉自己被欺骗或是被强迫了。
- **成交**。让客户来做这个决定。

如果你能始终清醒地意识到这四个阶段——寻找目标、筛选客户、激发欲望以及成交，那就说明你已经是一名合格的优势谈判者了，懂得把握成交时机能够赋予你极大的优势。

第27章
25种绝对成交策略

好了，在了解"何时"结束谈判之后，下面我来谈谈"如何"使用绝对成交策略来结束一场谈判。

1. 拖船策略

如果你曾去过新奥尔良的码头，相信你一定会为那些拖着大船沿密西西比河而下的拖船所震撼。一艘不到30英尺长的小拖船居然能够拖动一整队的驳船，每艘驳船还都承载着超过1万吨的货物。当我在洛杉矶港附近乘帆船出海时，曾吃惊地看到一艘小船居然正拖着一艘30万吨的超级油轮向前行驶。这些小船的惊人力量究竟来自哪里？开船的人知道，只要每次移动一点点，没有什么货物是拉不动的；反之，通过蛮力是不可能实现的，无论怎么加大引擎，油轮都纹丝不动。

那么这跟促成交易又有什么关系呢？道理是一样的，只要每次用一点儿力气，你就可以做成最不可思议的事情；每次推进一点点，哪怕是全世界最难说服的客户，也会情愿和你达成交易。

我曾经利用该策略从一家银行争取到了 25 万美元的贷款。当时我跟另外一位投资商名下共有 33 套房子，后来我想把对方那部分也买下来。但这需要向银行申请 25 万美元的贷款，但我只能用现有的房产做二次抵押。起初，银行以风险太大为由拒绝了我。于是，我和那位投资商约见了副行长，对方仍然给出了同样的答复。可我们依旧软磨硬泡。1 小时以后，他同意了贷款申请，条件是用 10 万美元的存款证明和房产进行交叉担保。我们并没有表示拒绝，而是继续死缠烂打，因为我们知道对方马上就要松口了。又过了 1 小时，他终于同意我用现有房产直接进行抵押贷款。

所以下次当你感觉对方心意已决时，不妨想想那艘拖动万吨油轮的小船，客户总是会被说服的。即便是他在昨天，或是 1 小时、1 分钟之前刚刚拒绝过你，也不意味着他一定会拒绝你下次的请求。学会每次推进一点点，你就能改变任何人的决定。

2. 马场原理

十几岁时，我曾经在伦敦摄影学院就读了 2 年时间。每逢假期我都会为养马人拍些纯种马的照片，以此赚取外快。这是摄影工作的一种特殊分支，因为养马人需要的并不是什么艺术照。他们希望照片能够清晰地展示出纯种马的模样，这样他们才能准确地判断马的情况。这些照片通常是侧面拍摄的，马的后腿需要微微前伸，以便清楚地露出全部四条腿。

可是，要想让烈性的纯种马摆出这种姿势十分困难。当你把马牵到镜头前，马又不肯配合时，你的确可以伸手去挪动马腿，可它很快就会恢复先前的站姿。相信一些销售人员也遇到过类似的客户，他们试图强迫客户改变自己的想法，可都以失败告终。

事实上，要想改变纯种马的站姿，唯一的方式就是转移它的注意力。每当这时，我会带着它在马场里四处转悠，温柔地对它说话，让它逐渐忘记自己先前的站姿。然后我会重新把它引到照相机前，看看它这次的站姿如何。如果它依旧没有以我希望的姿势站立，我就会耐心地带它再到马场里转转。

有些客户就像这些纯种马，他拒绝你的理由跟这些纯种马坚持自己站姿的理由完全相同。遇到这种情况时，想想纯种马的例子，千万不要试图强迫对方改变主意。不妨先讲个小故事，让他忘记自己先前的决定。你要告诉自己："我的话术没问题，只是现在时机不对。我要先分散他的注意力，过会儿再回到成交的问题上来。"等到在精神上带着客户绕"马场"转完一圈后，如果对方仍然表示拒绝，不妨重新带他兜一圈，然后再提出交易。

优秀的销售人员可以如此反复五六次而不觉疲惫。伟大的销售人员甚至可以重复10多次。所以，千万不要把"不"直接等同为拒绝，不妨把它看成一个信号，提示你该带客户到"马场"转一转了。

3."瑕不掩瑜"成交法

这是我教给你的最简单的成交方法，你甚至可能会觉得它有点儿好笑。除非你亲自尝试过，否则你绝对不会相信它的威力有多大。

这一招是我儿子德怀特在当汽车销售员时教会我的。每当有客户提出异议时，他并不会跟客户争辩，甚至不打算说服对方，而是反问对方："但你肯定不会因为这点就不买吧？"起初，他自己也感觉这样做有些愚蠢，认为客户一定会嘲笑他。可事实是，他发现很多客户真的就抛开了先前的质疑。

他们会说："这车只有红色的吗？我想要绿色的。"

这时他会问对方："但你肯定不会因为颜色问题就放弃吧？"

结果对方回答道："不，那倒不会。"

听上去还是很离谱，对吗？但只要尝试一下，我敢说你一定会后悔没早点学到这一招，你会发现多年来遇到的一些问题其实根本不需要什么解决方案。

如果顾客说："你的竞争对手要价比你低 10 美分。"你可以告诉他："但你并不会因为区区 10 美分就放弃我们吧？"

对方很可能会说："如果你们的服务真的有承诺的那么好，我想不会的。"

优势谈判高手都有一个特点，那就是知道自己并没有必要满足对方的所有要求。因为一旦做出一次让步，对方的要求就会像射击场的靶子一样层出不穷。

4."你负担得起"成交法

只要在合适的情境下用对了人，这一招的威力就不容小觑。比如，一家旅行社就曾用该策略让我心甘情愿地花了 7000 美元。

几年前，我和女儿朱莉娅决定去非洲玩一个月。我们的行程中有一项是到坦桑尼亚爬乞力马扎罗山，并且参观肯尼亚的一个野生动物保护区。就在出发前，我们恰巧看了一部名叫《雾锁危情》(*Gorillas in the Mist*) 的电影，它讲述了女动物学家黛安娜·福斯（Diane Fosse）拯救卢旺达境内一群濒临灭绝的山地大猩猩的故事。由于深受剧情吸引，我给在旅行社工作的苔丝·维松打去电话，表示想在非洲旅行期间看看这些大猩猩。对方检查了我们的行程安排，在几天后打来电话："全世界只剩下 29 只银背黑猩猩了，它们都在卢旺达、乌干达和扎伊尔交界的地方。但由于数量稀少，并且全部处于野生状态,我们几乎不可能看到它们。但扎伊尔总统的弟弟在那里的山上有一家小旅店,我可以在圣诞节前一周送你们去那里,不过需要多花7000美元。"

听到这个价格,我差点儿没噎住。我们又不是自然学家,去看这些黑猩猩更不是非做不可的事。我们只是刚好看了一部相关的电影,对它们产生了好奇心,仅此而已。"苔丝,"我说道,"我可不确定自己是否愿意花上7000美元去看大猩猩。"

此时对方的回答可谓精彩。她说:"哦,别这样,罗杰。你当然想去了,况且你可以负担得起,还是去看看吧。"

我想这可能是我听到过的最好的成交话术了。她看起来只是在恭维我很有钱,有大把的美元可以挥霍,可事实上,我的确负担得起这笔费用,而且也想去看这些黑猩猩。所以,我接受了她的建议。结果证明,这项安排是我们那趟行程中最正确的决定。

记住,在与那些非常富有的客户打交道时,不妨采用"你负担得起"这一策略。它不仅能帮你促成交易,你的对手也会非常享受被奉承的感觉。况且,他们可能真的很喜欢你的产品,并不会心疼这笔钱。

5. 给对方独处的时间

我的少年时代是在英国靠推销家电为生的,那时我的大多数客户都是夫妻。我发现,在演示结束前给对方留出几分钟独处的时间,这笔生意的成交率就会提高很多。相反,如果我一直跟在他们身边,则很可能失去这笔生意。毕竟,无论他们彼此多么熟悉,都不可能完全读懂对方的心思,无法确定自己的配偶是否想买这个产品。给他们一点儿独处的时间,好让他们有机会去问:"亲爱的,你觉得怎么样?"

这种策略不仅仅适用于夫妻之间，当对手是同一家公司的总裁和副总时，道理也是一样的。总裁可能想尽快成交，可他希望能先得到副总的支持；又或者副总着急达成交易，可又不确定总裁会不会否决他。这时如果给对方留出一些时间，让他们单独解决这些问题，成交的概率往往会更大。

一旦学会了"留白"的艺术，我发现成交过程中的很多问题都会迎刃而解。生意越大，这一策略的作用就越明显。以房地产行业为例，对于购置房产这种重大的决定，一定要给客户独立思考的时间。

不要等客户提出独处的要求，一定要由你主动提出来。不过需要注意的是，独处的空间最好是会客厅或是你的车里。不要让对方在自己的车旁商量，这样他们随时可以离开。不一定要直接说"给你点儿时间考虑一下"，不妨找个借口离开几分钟，比如说去冲咖啡，或是找份文件。

6."木头人"成交法

这种策略非常有趣。原则很简单，你只需在做完演示之后闭嘴就行了。在这之后，谁先开口谁就输了。

客户可能会用三种方式来回应你的方案：同意、拒绝或是表示自己无法做出决定。如果你是一个积极的思考者，自然认为对方会同意。如果他拒绝了，或是表示自己无法决定时，你肯定会感到吃惊。所以，不妨静观其变。在对方明确拒绝之前，千万不要改变你的报价。

我曾经给一栋公寓楼提出过报价，当时房主标价为24万美元，而我的报价是18万美元。坦白地说，提出一个这么低的报价，我本人也感到惴惴不安。我以为卖方会大发雷霆，觉得我浪费了他的时间，所以在报价时，我一直为自己捏了把汗。提过价格后，我把报价单翻过来，放在桌上推到他面前，把笔放在报价单上让他签字。

他看了一会儿，然后拿起报价单，从头到尾仔细读了一遍，连小注都没放过。接着他放下报价单，看了看我。我努力咬紧牙关不让自己开口解释。

只见他再次拿起报价单，又通读了一遍，再次放下后盯着我看了大约有5分钟。

最后他说："我现在是不是应该说'好''不'或者'也许……'？"

我微微笑了一下，但还是什么也没说。他第三次拿起报价单通读了一遍，然后说道："我来告诉你我的看法。我不接受这个报价，但我能接受的价格是……"只见他在报价单下面写上了一个十分中肯的价格，然后把单子翻了过来，推到我的面前。

"木头人"是最容易理解，但也最难应用的一种策略。因为我们很难忍受沉默，即便只有1分钟，也感觉像是过了很久。

记住：一定要假设客户会同意。在弄清楚对方是否接受你的报价之前，一句话都不要说。

7. 有条件的成交

当客户面对重大决定感到犹豫时，有条件的成交就会是一种非常有效的应对方法。我们知道，在房地产行业，当客户决定购置新房时，这可能会是他一生中最大的一笔投资。即便我们以为客户找到了最理想的房子，可由于这个决定过于重大，他还是可能会中途放弃。在遇到这种情况时，我会让经纪人告诉客户："为什么我们不先看看你的贷款申请能不能获批呢？"通过另一件小事为对方的决定制造条件，实际上你是在帮对方把一个非常重大的决定变得不那么重要。当然，通常情况下，一名优秀的房产经纪人非常清楚客户的经济状况，所以你们最后还是会成交。

人寿保险代理也会遇到同样的情况。这时代理会告诉对方："坦白说，我也不知道自己能否给你这个年龄的人办这么多项保险。还是要看你的身体状况，不如先签个意向书，等体检结果出来之后再做决定。"这会让对方感觉似乎也不是什么太重要的决定。况且，代理非常清楚，只要客户能在体检中蒙混过关，年龄其实不是问题，因此对方最后还是会买这份保险的。

8. 权变成交法

当你清楚客户能够承受某些附带条件时，比如知道他的征信状况良好，或是一定能够通过体检，自然可以使用上述有条件的成交策略。但如果你事先并不清楚这些情况，又该怎么办呢？

打个比方，如果客户只有卖掉了目前的房子才能决定购置新房，又或者对方必须拿到一个相当优惠的价格才能通过信用部门的审批，你永远无法预设这类条件的成功率，那上述的策略还会有效吗？

即便遇到这种情况，给予客户权变的条件仍是一个明智的选择，因为这种策略可以引导客户迈出做决定的第一步。当客户的占有欲变得越来越强烈时，就会尽力解决这些细枝末节。但切记，不要把这一招作为成交的必选项，而应将其看作一种应急方案。

9. 富兰克林成交法

相信你一定听说过富兰克林（Ben Franklin）成交法。富兰克林曾在给英国化学家约瑟夫·普里斯特利（Joseph Priestley）的一封信中谈到了自己是如何做决定的。信里写道：

"我（做决定）的方式是，把一张纸分成两栏，在一栏写上赞同的理由，另一栏写上反对的理由。在接下来的三四天里反复思考，我会在两栏中分别写下自己在不同时间段对这些理由的思考。然后我会把它们全部综合到一起，比较各自的权重，当我发现两栏中有权重相当的理由时，就会把它们画掉。比如我发现其中1个赞同的理由可以抵消2个反对的理由时，就会把这3个全部画掉。如果有2个反对的理由和3个赞同的理由可以相互抵消，我会再把这5个都画掉，直到无法继续进行。之后再仔细考虑一两天，当我实在想不出新的理由时，我就可以根据得到的结果做出决定。"

富兰克林的初衷在于，当人们难以下决心时，这种办法可以帮助他们对最终的结果更有把握。在让对方做出决定前，你可以这样说："先生，你会感到为难其实并不奇怪，很多聪明人都会如此。比如最伟大的政治家富兰克林也会有抉择困难的问题。我来告诉你他以前是怎么做决定的吧，或许你可以作为参考。当富兰克林拿不定主意时，他会拿出一张纸，在中间画一条竖线，左边写上应该赞同某个项目的理由，右边写上应该反对该项目的理由。如果'赞同'的理由多于'反对'的理由，他就会决定继续。你觉得这种方法如何？"记住，在你展开分析之前，一定要先征得客户的同意。否则就算你分析得头头是道，客户最后还是会表示自己需要时间考虑一下。

当客户接受这种决策方式之后，不妨从"赞同"这一栏开始列起。一定要想尽一切办法补充这一部分的理由，比如，"你很喜欢……不是吗？""你先前说想要……对吧？"总之正面的理由越多越好。当你列出了所有"赞同"的理由后，让对方自己来填写"反对"的一栏。就这样，当"赞同"一栏的长度超过反对一栏的长度时，你就赢得了客户的支持。

10. "愚蠢的错误"成交法

相信有些时候你一定想过拍案而起，告诉对方现在不买你的产品有多愚蠢。当然，你绝不能这样做，因为这显然会激怒客户。而这里提到的"愚蠢的错误"策略，指的是在不直接挑明的情况下，让对方意识到自己犯了一个多么愚蠢的错误。此时，你只需给对方讲个故事，告诉他别人在遇到同样的情况时犯了怎样的错误。

比如说你在做房产销售，客户面对高昂的价格望而却步。你可以说："你知道我在想什么吗？真希望罗杰·道森也在这儿。他曾经在自己的录音带里讲过自己买第一处房产的故事。去银行签署贷款文件时，他发现自己要在未来30年里每月支付67美元。他突然意识到这是一笔很大的支出，因此打了退堂鼓。幸运的是，银行的信贷负责人意识到了问题的严重性，对他也深表同情，于是对他说：'你现在必须得签字了，因为文件都准备好了。'他就像个听话的小孩一样乖乖签了字。几年后，房子的价值翻了一番。如果罗杰现在在这儿，他肯定会让你眼睛一闭签字。虽然现在这看起来是笔巨款，但5年之后，这笔钱就不算什么了，到时你就会觉得这是你做过的最明智的决定。"

我还记得我在我儿子约翰小时候为他买自行车的情形。那时加州还没有骑自行车要戴头盔的硬性规定。选好自行车之后，店主又为我们挑选了一个昂贵的头盔，说："你还会需要这个的。"当然，我非常关心儿子的安全，但我小时候一直都在骑自行车，我们弟兄三个从来都没有戴过头盔，所以我觉得这似乎是一笔无关紧要的开销。这时对方说道："哦，要是琼斯先生在这儿就好了。他住在天际大道，上个月他刚给儿子鲍比买了一辆自行车。他当时也不想买头盔。可就在第二天，鲍比沿着教会山大道一路往下骑车时，径直撞上了一辆正朝山上驶来的汽车，结果受了重伤，我这辈子都会后悔当时没坚持让琼斯先生买个头盔。真希望琼斯先生在这儿，因为他会告诉你头盔有多重要。"猜猜是谁一把从他手里抢走头盔套在了我儿子的脑袋上？没错，就是我。你看，"愚蠢的错误"成交法既能给对方施压，又不会导致任何对抗局面发生。

11. "最后的问题"成交法

要想使用"最后的问题"策略，你首先必须装作被打败的样子，就好像你已经放弃向对方推销了。你可以说："好吧，我接受现实了，你不会从我这里买东西了，但你介意告诉我你不买我的产品的原因吗？我到底哪里做错了呢？"

客户会告诉你："你并没有做错任何事情，你做得很好。"

"那看来是我的公司，或是我的产品质量有问题。"

"不，也不是。只是你的价格比我们现在的供应商高。"

"好吧，你这么说我感觉好多了。"你说，"价格方面我的确是无能为力了。但知道不是由于我的失误造成的，我还是很欣慰。这么说，你决定不买我们的产品的唯一原因就是价格了？"

一旦把问题细化到这个地步，让客户以为你放弃了推销，这时你所需解决的就只有这个"最后的问题"了。要想做到这一点，你必须经过以下四个阶段：

- 假装被击败了。
- 释放压力。
- 让对方把问题最后集中到一点。
- 解决这个问题。

12. "小狗狗"成交法

我相信你们一定听过这样一个故事，有家宠物店老板想把一只小狗卖给一个小男孩。当小男孩说他无法决定时，老板建议他先把小狗带回家过个周末，并表示："如果你不喜欢它，可以在周一把它送回来。"这位老板知道，等到星期一，那孩子一定会对小狗爱不释手，说什么也不会把它送回来的。

早在 20 世纪 50 年代，我的第一份工作是在一家电器店里做销售，当时我利用这一策略卖掉了成千上万台电视机。那时候，电视机对大多数人来说是稀罕物，你可能是整个社区唯一拥有电视机的人，你的邻居们甚至都盼着你能邀请他们去看电视，顺便端上茶和三明治。所以，每当有潜在客户表示犹豫时，我就会建议他先把电视机带回家试用。邻居们一看到屋顶上架起的天线，就纷纷问那位顾客能否去他家看电视。而在邻居们来看了一晚上电视之后，他又怎么舍得把电视机退回来呢？

我在经营那家房地产公司时，会鼓励销售人员随身携带一架即时成像的相机。当有客户提出了报价时，就在房子面前为他们拍张照，因为我知道客人一定会把这张照片拿给自己的亲戚朋友们看的。这样就算房主无法接受客户的报价，客户也有可能愿意提高报价。毕竟，谁会愿意告诉朋友自己买不起那栋房子呢？

13. 小要点成交法

在推销过程中，小的共识会引向大的决定。如果你能和客户在一些小要点上达成共识，就可以厘清对方的思路。这样当你让对方做出重大决定时，他就不会感觉有太大的压力。

比如，汽车销售员会问客户：

- "如果真的买了这辆车，你会选皮坐垫还是仿皮坐垫？"
- "你想要手动挡还是自动挡的？"
- "你喜欢白色的还是红色的？"

房地产销售人员会说：

- "如果买下了这套房子，你会选哪个卧室给你们的宝宝当婴儿房？"
- "你准备怎样布置客厅里的家具？"

14."文斯·隆巴迪"成交法

若你想要推销一些附加产品，比如附加功能或延长保修期等，文斯·隆巴迪（Vince Lombardi，著名美式橄榄球教练）法会是很好的选择。你也可以使用该策略来让客户选择更好的产品或服务。在销售过程中，客户心里有时会产生一种抵触情绪。越是到了该做出决定时，他越会抑制自己花钱的冲动。这或许是出于负罪感，也可能是害怕自己会做出错误的决定，又或是担心自己还没能争取到最好的交易条件。无论是出于什么原因，他心里的这根弦会一直绷到做出决定的那一刻。而一旦做出决定后，他的思想就会发生巨大的变化。一旦决定购买，他的大脑便会不遗余力地强化自己刚刚所做的决定。这时你就可以给他推销额外的服务，或是说服对方购买一些更加昂贵的型号。

汽车销售员都知道这一点。他们知道，如果能先说服客户购买任一型号的汽车，即便是简装版，他们就有机会把客户请进会客室，再想办法让客户购买更多的东西，真正为自己带来利润。

所以，优势成交的规则之一就是，不要一开始就提出所有要求。一旦双方达成了协议，客户就不再是你的对手，而是你销售过程中的伙伴。这时你就可以进行第二轮努力，并引入那些真正让你获利的附加项。

文斯·隆巴迪常常把再试一次的重要性挂在嘴边。他总喜欢给自己的球员看一些相关的电影片段，比如球员眼看要接住球了，结果却失了手。可他们并没有放弃，而是会再试一次，最终在球落地之前抓住了球；又或是那些被对方后卫钳制，却不停地努力挣脱，最终触地得分的情节。隆巴迪经常告诉球员，每个人都很努力，都知道该怎样打好比赛，也都在按照教练指导的去做，否则他们也不会出现在这支球队里。可问题是，联赛里所有的球员都能做到这些。用文斯·隆巴迪的话来说，伟大的球员和普通球员的区别就在于，那些伟大的球员会在第一次失败之后再试一次。换句话说，当所有人都以为没戏了的时候，只有伟大的球员还在继续努力。

同样地，如果你不懂得如何销售，不听从经理的指挥，公司根本不会让你做销售员。但如果你想成为一名伟大的销售人员，请向文斯·隆巴迪学习：当其他所有人都在说"放弃吧，你已经够努力了"的时候，请再努力一次。

15. 积极预设法

这个策略乍看好像毋庸赘述，实际上却很有必要说明一下。令我吃惊的是，居然有很多销售人员，尤其是新手，会对客户的反应做出消极的预设——如果客户表示愿意购买，他们反而会感到很惊讶。当你走进一家餐厅，服务生走上前来问你是否想点菜时，你难道会觉得突兀吗？当然不会。因为他知道你为什么会来这里，而且觉得你一定会点菜。在面对客户时也应如此，一定要假设对方会购买。

我相信，之所以会有销售人员采取高压的营销方式，正是因为他担心对方不会购买，而客户都很抵触这种方式。可如果你认定客户会买，就根本没必要对客户施加压力。

所以，一定要采取积极的对话方式。你可以说："你喜欢这款产品的外形，对吧？"而不是问对方："你喜欢这款产品的外形吗？"

你应当告诉对方："我觉得你会延长保修期的，因为这笔小小的投资的确能带来不小的回报。"而不是说："你需要延长保修期吗？"

一定要做出积极的预设，相信对方会购买，并且会从你这里购买，而且今天就要购买，一切也都会进展得很顺利。

16. 反问法

根据这一原则，当客户向你提出问题时，你通常也应用同一个问题来回应对方。很多年前，我从一位律师那里买了一台二手复印机。我问他："200美元可以吗？"他说："200美元是你的理想价格吗？"我心中暗想："这招可真聪明！"如果他说可以接受200美元，我很可能会再犹豫一下，然后报出更低的价格。当客户看上去就要准备成交，并且抛出问题时，一定要用同样的方法来回应对方，这样你就会得到明确的答复。如果客户问你"是黑色的吗"，你可以反问："你想要黑色的吗？"当客户问："你能给我45天的账期吗？"你应当反问他："你需要45天账期吗？"

17. "战俘"成交法

这一策略非常适用于对付那些犹豫不决的客户。这时你需要找出一个真实有趣且与客户密切相关的故事。我相信你一定听说过，在第二次世界大战期间，有许多战俘从德国战俘营里逃了出来。但在另一场战争中，却很少有俘虏企图逃跑。究其原因，就在于胜利方对战俘进行了决策能力的评估。他们发现，只有10%的战俘擅长自己做决定，于是他们将这些战俘单独囚禁，然后把另外90%的战俘关在一起，并且几乎处于无人看守的状态，却没有一个人试图逃跑。你要告诉你的客户，能够在高压之下做出决定的人本身就少之又少，所以就算感到为难，也没有必要为此而沮丧。

就在这一刻，对方会认定自己属于那有勇气的10%，并果断地决定购买。当然，他也可能会承认自己属于那犹豫的90%，这种情况下，你就可以告诉对方自己的作用就是帮助客户做出决定。你才是专业人士，他应该相信你的判断。

18. 二选一成交法

当你要求人们在两种选项中做出决定时，他们通常会选择其一。只有在极少数情况下，他们才会两者都否决。

坦白地说，每次使用这一策略时，我都会为它的效力大吃一惊。在客户决计购买之前，我会问："如果要买的话，你会用美国运通卡还是万事达卡呢？"他们几乎都会选择其中一个。接着我就会说："你需要我为你填写表格吗，还是想自己填？"只要抛出几个选项，进行快问快答，我就能顺利达成这笔交易。有趣的是，即便对方非常清楚你的意图，他还是会从你提供的选项中挑选一个（但一定要确保两种选项都是以成交为前提的。"是否想买"显然就不是个聪明的问题）。

这一策略堪称经典，就连小孩子都会用："爸爸，你是今晚带我去游戏厅，还是明天晚上呢？"当你的小孙子走进冰激凌店时，他会说："爷爷，我们今天是买两层还是三层的冰激凌呢？"

在安排会面时，同样可以使用二选一策略。假设客户想要见你，你可以问："你觉得周一还是周二见面更合适？""你是想在10点还是11点碰面呢？"

记住，一定要把选择范围缩小到两个。三选一往往是行不通的，所以你一定要想办法排除其中一个。比如说在推销汽车时，你可以说："我想刚才看的第一辆车对你来说太小了，那么在红色和白色两辆中，你更喜欢哪一辆呢？"如果你是在推销房产，在带领客户参观完三处房产之后，不妨这样问对方："我觉得你好像不太喜欢第一套房子的主卧，那么如果要在其他两套中挑一个，你会选择哪一个？"

该策略还可以用于应对顾客的负面反馈。比如说你在推销房产，客户说："我们绝对不会买这套房子，看看那绿墙吧，简直丑得可怕。"这时你可以抛出一个二选一的问题作为回应："如果你买下这套房子重新粉刷的话，你是打算自己动手还是请粉刷工代劳呢？"无论对方选了哪个，你都达到目的了，不是吗？对方可以吹嘘自己的水平比粉刷工高多了，而且能省下很多钱；又或者他会表示自己时间宝贵，没空亲自上手。不过他说了什么其实并不重要，因为你已经让他忘记了先前的负面评价。

19. 门把手策略

门把手策略的原理其实同"最后的问题"策略的原理如出一辙，都是为了解除客户在做出购买决定时的压力。

当你用尽各种办法，仍无法拿到订单时，不妨合上公文包告诉对方："虽然你决定不在我这儿下单，但跟你交流真的很愉快。我可以理解你的感受，说不定我们以后还会有机会见面。"这时你假装离开，就在手碰到门把手的一瞬间，你可以若有所思地停下脚步，问对方："你能帮我个忙吗？每当我推销失败时，我总希望能从中学到些东西。你能告诉我，我哪里做错了吗？这对我将来的工作会有很大的帮助。"

只要对方感觉你已经不打算继续推销，往往会很乐于告诉你自己为什么不想购买。他可能会说："你的表达太强势，太急于求成了，这让我感到压力很大。"也可能会说："我非常喜欢你们的产品，但我负担不起，而且也不想告诉你是因为价格问题。"

这时，你就可以采用文斯·隆巴迪的"再试一次"法，语气温和地向对方表示感谢，然后把话题再次拉回到你的产品演示上。记住，在使用门把手策略时，一定要事先让对方相信你已经放弃了，现在的你只是在征求意见，以便下次改进而已。

20. 逐个击破法

在同时面对两位客户时，你可能需要用到逐个击破的方法。我注意到，在果断性这一方面，人们往往会表现出异性相吸的倾向。一个不那么果断的人往往会嫁给一个果敢的人，一位随和的商人通常会有位雷厉风行的生意伙伴。他们是彼此最好的搭档。那些强势、不拖泥带水的人总是很欣赏随和派的平易近人，而性格温顺的人则钦佩那些果断派的自律与坚决。你会发现那些果断的人往往倾向于当机立断，他们一看完提案，立刻就会决定到底是接受还是拒绝。而温和派则常常优柔寡断，以致陷入手足无措的境地。

遇到这种情况时，不妨使用逐个击破的方法。把行事果断的那位拉到一旁，告诉她："琼斯太太，我很欣赏你先生罗伊所做的分析。我要是有那么缜密的思维就好了。可我担心的是，琼斯太太，如果不马上做决定，你很可能会失去这次机会，这可不是你想要的结果，对吧？"这时，她就会对仍在盘算的丈夫说道："罗伊，看在上帝的分儿上，别再算计了。这是一次很好的机会，我们要把握住。"

同样，在和生意伙伴打交道时，你也需要设法把那位果断派拉到一旁，告诉他："鲍勃，我觉得你才是真正做决定的人。事不宜迟，还是赶快决定的好。"这时他往往会告诉你："别担心，我已经打算好了。只是在和凯西沟通时，我得稍微委婉一些。"

所以，每当面对两位客户，并且其中的一位比另一位更为果断时，不妨逐个击破，想办法把他们分开，让更为果断的那位客户来拿主意。

21. 给对方思考的时间

对于有些人，你很容易就可以看出他们正在思考。这种人会带一摞便签，在上面写上各种数字和选项，或是直接掏出一个计算器，飞快地敲击数字。可有一部分人的思考方式则让人很难判断，因为他们喜欢在心里默默地做出决定。这对销售人员来说的确是个麻烦，他们无法忍受这样的沉默，这很可能意味着客户已经对产品失去了兴趣，所以他们必须用谈话来刺激客户继续交易。但事实上，有时你必须给对方时间去思考。

记得有一段时间，我曾大量地投资房产。经常会有经纪人带我去看自己负责销售的公寓楼。在回来的路上，我需要时间来仔细思考。比如，装修需要花多少钱？我该怎么给租金定价？我怎样才能有足够的现金付首付？管理费用怎么算？一般来说，我喜欢自己独立思考这些问题，之后再找对方验证。可在经纪人看来，我似乎对房子丝毫不感兴趣。这时他们就会越发努力地向我提供信息，想要激发我的购买欲。可这与我需要的恰恰相反，我只想要一些时间安静地思考而已。

很快，我们回到了经纪人的办公室，可由于我根本没有时间思考，自然就无法做出决定。因此，千万不要因为说得太多而失去一笔交易。用参孙[1]的话来说，驴腮骨是用来杀死腓力斯丁人的，可不是用来毁掉生意的。

22. 钞票演示法

如果你销售的是投资产品，这一招带来的戏剧性效果绝对不会让你失望。当客户因为担心还会有更好的选择而拒绝一项投资机会时，不妨试试这

---

[1] Samson，《圣经·士师记》中的犹太领袖，曾用随手捡来的驴腮骨一口气杀死了1000个腓力斯丁人。

个方法。

从口袋里掏出一张20美元的钞票，把它扔到地板上，用脚尖踩住，然后说："我来问你一个问题。如果你正走在路上，看到地上躺着一张20美元的钞票，你会把它捡起来吗？你当然会，因为这是一个已经摆在你面前的机会。我刚才给你演示的投资方案也是一样。你不会因为前面路上可能有50美元的钞票就放弃这20美元吧？如果错过了我今天展示的机会，那么你就犯了同样的错误。"

这一方法的确比较天马行空，逻辑上也没那么严谨，但钞票掉在地板上时所产生的戏剧性效果往往会促使投资者立刻决定下单。

23."才想起来"成交法

当我还是个少年时，在英国推销电视的经历教会了我这个方法。虽然我当时并没有接受太多的销售培训，但我还是很快意识到，把自己所知道的一切毫无保留地告诉客户并不是个好主意。真正明智的做法是始终有所保留，好在交易进入僵局时用"才想起来"保住生意。

比如说我向客户展示一台电视机，他们表示感兴趣，但却告诉我，他们想在做决定前再去其他商店看看。我会祝他们好运，然后当他们走到展厅门口的时候，我突然叫道："稍等一下，我刚刚想起来，有一个非常重要的功能还没给你们展示。你们知道这电视机外框上的木头是防火防烫的吗？就算你们在上面捻烟头，它也不会有所损伤。让我演示给你们看。"然后我把他们重新带回电视机前，演示这项功能，接着继续推销，直到成交。

切记不要一次性告诉客户所有的好处，一定要留给自己一些"才想起来"的余地。假设你在销售汽车，这辆车配有一种特殊的门锁——可以在保持其他车门关闭的同时打开驾驶座车门，你不妨先避开这一点。等过了一段时间后，你可以打电话给对方，告诉他："真不敢相信，我才想起来，有一个相当重要的功能我竟然忘了告诉你。我今晚来给你展示一下吧。你觉得 7 点还是 8 点比较合适呢？"毫无疑问，客户在买完东西后总会有些抱怨，但其实那些没能下单的客户也会有遗憾。他们可能会想："今天要是把那辆车买回来就好了。"他们其实仍然想花这笔钱，但由于大额的支出会让人有一种负罪感，所以他们一般不愿意再给你打电话。但如果你能主动拨通他们的电话，再给他们一次下单的机会，客户内心其实是求之不得的。

24. 督促式成交法

有些人天生就优柔寡断。在这种人眼里，做决定是一件非常困难的事情，除非有人能敦促他们，否则他们绝不会做出任何决定。用沟通学的术语来说，这些人属于"儿童型"人格。心理学家艾瑞克·伯恩（Eric Berne）将弗洛伊德的超我（Superego）、本我（Id）和自我（Ego）的理论简化为父母、儿童和成人的理论。超我（或是父母）约束着其他两种人格的发展，本我（或者说儿童）倾向于不经思考、冲动行事，而自我（或成人）则倾向于以一种更加理性的方式解决问题。

你可能以为向冲动的儿童型人格客户进行推销是最容易的，毕竟，他们的生意哲学是只要感觉对了就会买。可多年以来，这种冲动的行事方法让他们吃了不少亏。所以，现在即便他们很想要你的产品或服务，却还是无法决定，他们怕自己会再栽跟头。换句话说，他们开始打退堂鼓了。

这时就需要一个人督促他们去购买。

你需要坚定地告诉他们："除非得到你的许可，否则今天我是不会离开这里的。一切都表明，这对你来说就是正确的决定。要是就这么扔下你走了，我良心上会过意不去的，所以就让我来为你做这个决定吧。你只需要签个字，其他一切交给我就可以。"

当然，只有在明确对方的购买意向后才能采取这种方式。不要只是为了赚到佣金就说这样的话。但如果你很确定对方不该拒绝这笔生意，此时你的督促很可能是让对方做出正确抉择的唯一方法。

25."向道森保证"法

你可以把"向道森保证"看作你的最后一招。如果上述策略均告失败，我希望你能再试试这个方法。我要你记住此刻手表上的时间，然后在想象中举起左手，接着把右手放到心口上，告诉自己："我向道森保证，1个小时之内我是不会离开的。"无论待够1个小时需要付出什么代价，哪怕全程都不再提及你的产品或服务，也不可以走开。

不妨再来一杯咖啡，这就用了5分钟。假装咖啡太热，还不能喝，这样你又能拖上10分钟。咖啡喝光了？没关系，让员工再去现煮一杯。现在已经熬过了半个小时。就是这样，无论如何，都要再待上1个小时。

优势销售谈判高手知道，拖住客户的时间越长，对方就会变得越灵活。即便他们现在对你说"不"，也不代表他们在30分钟之后还会再次拒绝你。谁能保证1个小时之后他们不会告诉你"可以"呢？

所以，如果其他所有办法都没能奏效，那就试试"向道森保证"法吧。

第28章
"陷阱"成交法

下面我会讲到一些别有用心的成交"诡道"。这样，当别人用它们对付你时，你就知道该如何应对了。

故意犯错法

就像任何骗局一样，故意犯错法针对的往往是缺乏道德感的对象。为了吸引销售人员上钩，客户在准备报价单时可能会故意遗漏某项要求，或是留一些模糊的地方，比如铜触开关一类小部件的质量标准、加盖序号的成本等（按照法律，产品一定要带有序号，以便用于召回）。通常情况下，经验丰富的销售人员都会发现这些错误，而且出于道德意识会立即向客户指出问题。

可那些不讲道德的销售人员则会借机给出一个较低的价格，因为他确信客户一定会回来修正这些错误，到时他就可以借机抬高价格。

然而，就如电影里说的那样，好戏才刚刚上演。由于这时销售人员着急在客户发现错误之前完成交易，他自身的谈判水平便会大打折扣，甚至可能会做出一些他在正常情况下不会做的让步。因为他知道自己可以在客户发现问题之后进行补救。然而一旦他们达成交易，买卖双方握手收尾时，客户便会立刻"收钩"："顺便提一句，你知道我们需要在产品上盖上序号吧？还有开关上的铜触片。这可是业内标准，我想你一定能做到。"可怜这位销售人员只好自食其果，哑巴吃黄连，有苦说不出。

反过来，汽车销售人员也会用故意犯错的方法来对付买家。比如说车上有台 CD 机，但销售人员在核算价格时却故意漏掉它的价格，仍按基本配置收费。这时买家很可能就会上钩，以为自己能瞒得过销售人员，急切地想在对方发现问题之前达成交易。这种急于求成的心理就会导致买方在谈判中漏洞百出，最终偷鸡不成蚀把米。不仅如此，销售人员有可能会在双方达成交易之前"突然发现"这些错误，然后换上一副责难的表情逼迫买家补齐差价。

应对这种伎俩的办法听起来好像非常高深，实际却再简单不过了，那就是永远不要抱有侥幸心理。即便你的贪婪没有立刻得到惩罚，但它早晚会让你付出相应的代价。所以，还不如直接指出对方的错误，告诉他："你忘了算上 CD 播放器的价格了。这是在故意催我现在做决定吗？"

错误结论法

故意犯错法还有一种变体，那就是故意得出错误的结果。在使用这种方法时，销售人员会向买家提出一个问题，再故意得出一个错误的结论。当买家试图纠正时，也就表示他已经做出了决定购买的承诺。打个比方，汽车销售人员说："就算你今天就买，也不需要我们立即就送货上门，对吧？"买家会答道："我当然希望你们今天就送货。"

再比如房产经纪人会问顾客："你不会想让卖家把冰箱也送给你吧？"

买家可能根本没有这个打算，可他觉得那台冰箱的确比自己现有的要好一些，于是他就会说："房主会愿意把冰箱送给我们吗？"这时经纪人就会说："我先把它写进报价单里，看看房主的反应。"

游船上的推销员可能会说："你需要我们顺便带把遮阳伞吗？"买家当然不会拒绝这个免费的机会，于是他会说："当然要！"

第7部分

如何掌控谈判

第29章
谈判动机

你可能没太想过买家的谈判动机是什么,因为你会下意识地认为对方和你的目的是一样的:争取到最好的交易条件。社会学家称这种心理为"社会自我中心主义"(Social-egocentrism)。也就是说,我们总是会按照自己的逻辑去推断别人的想法,认为别人想的和自己一样。但优势谈判高手知道,自己想要的东西可能和对方真正需要的完全不同。

水平不高的谈判人员之所以会遇到麻烦,是因为他总担心一旦客户了解太多,就会对自己耍花招。所以在进行谈判时,他既不会设法弄清对方的谈判动机,更不愿暴露自己的需求,而是出于恐惧无法敞开心扉。

优势销售谈判高手知道,自己对客户的动机了解得越清楚,就越容易在不改变自身立场的情况下更好地满足对方的需求。

下面让我们看看客户在谈判时可能会有哪些动机。知道并了解这些动机是实现双赢谈判结果的关键。

竞争驱动

竞争驱动是销售人员最熟悉的一种驱动力，这也是他们认为谈判极具挑战性的原因。在这种动机之下，你认定对方会千方百计地打败你，所以在面对经验丰富或是残酷无情的谈判高手时，自然会感到恐惧。

在大多数汽车交易中，的确存在竞争驱动的谈判方式。汽车经销商吸引客户的方式往往是宣称自己是"本城最低价"，但付给销售人员的工资仍是按利润来算的。这是一种角斗般的谈判方式：客户希望把价格砍到最低，他们并不关心经销商是否赔钱、销售人员能否拿到工资；而销售人员唯一的目的就是拼命抬高价格，因为这是他赚钱的唯一途径。就这样，号角吹响，好戏上场，能者居之。

竞争驱动下的谈判者知道，一定要尽己所能了解对手，但同时又不能给对方透露太多自己的信息。知识本身就是一种力量，但这类谈判者觉得，正是由于知识有强大的力量，所以对对手了解得越多，而自己暴露得越少，就越容易取胜。

在收集信息时，竞争型谈判者会对买方提供的所有信息存疑，因为他不相信对方会主动透露自己的信息，也许对方是在耍什么花招。他往往会从对方公司的其他员工下手，秘密地收集信息。同时，由于他假定自己的谈判对手也在做同样的事情，所以会努力防止己方的信息泄露。

他相信谈判是一场争长竞短、你死我活的较量，却忽视了双赢的可能性。谈判双方需要的东西可能并不相同，通过充分了解对手，你可以有选择地在那些对自己意义不大，但在对手看来却很重要的条件上做出让步。

解决问题驱动

这一动机驱动下的谈判是最为理想的状态，这意味着对方希望找到一个解决方案，并愿意冷静地与你沟通以达到这一目的。在这种情况下，双方都抱着真诚的态度，希望能够达成双赢的谈判结果。

持有这种动机的谈判者往往愿意接受创造性的方案，因为他们相信，一定会有更好的解决办法，只是他们暂时还没有想到罢了。当然，这需要你具有开放性的思维。以房产交易为例，以下是一些可供参考的创造性方案：

- 客户的资金问题可以通过小额贷款来解决，卖方也可以帮助对方寻求信贷，从而达成交易。
- 买方可以给原房主更多的时间另寻住所。他们甚至可以将房子反过来租给卖家。
- 买方可以要求房主附赠全部或是某些家具。
- 卖方可以要求继续保留房子的部分产权，直到他们去世为止——对于那些需要资金但又不想搬家的老人来说，这是一个相当不错的选择。
- 中介费可以再谈，或者经纪人可以先收支票而不是现金。
- 买方可以先搬进来，但需要推迟过户时间，从而帮助卖方省去一定的所得税。

跟这类致力于解决问题的客户谈判，最大的好处就是他们不会认死理。他们不会受公司政策或某些传统的限制，而是认为任何条件都是可以商量的，毕竟规矩都是人定的。

只要不违背法律和他们的个人原则，这些人会愿意听取你的任何建议，因为他们并没有把你当成竞争对手。

这听起来是不是很完美？买卖双方合作，携手找到一个公平的最佳解决方案。但仍有一点需要注意，有些买家表面是在解决问题，其实可能是假装的。一旦你亮出了自己的底牌，把你的真实想法告诉对方时，他们就会转而成为竞争型的谈判者，努力为自己谋求最大利益。所以，**当买家过于友好时，一定要保持警惕。**

个人驱动

你可能还会遇到这样的对手，他们谈判的目的既不是获胜，也不是寻求一个完美的解决方案，而是一切以谋求个人利益为出发点。

说到这类谈判者，我立刻就会想到那些按照时间收费的律师。他们所获的佣金和谈判是否成功不直接挂钩，所以律师在谈判时往往会拉长时间线。即便如此，你也无须灰心，因为顺利达成交易往往也能给对方带来可观的收入。**遇到这种情况时，你首先需要考虑满足对方的个人利益**。如果对方愿意速战速决，则意味着你达成了这一目的。

若对方律师很难缠，万不得已时也可采取竞争式的谈判法。如果条件合适时对方仍然拒不接受，你可以威胁说你会直接找他的客户。毫无疑问，对方肯定会感到不悦，但如果他觉得自己的委托人有可能接受你的方案，或许就会不情愿地表示同意。

另一个典型例子是那些想在同事当中树立威信的工会谈判代表。在这类谈判中，不妨一开始就提出特别过分的条件，这对双方都有好处。这样对方就可以对其他成员说："虽说我没能满足你们的所有要求，但你们听听他们一开始有多过分吧。我已经让他们做出很大让步了。"但若你在一开始就提出较为合理的要求，对方可能就很难交差，因为大家会觉得他没有尽最大努力为工会争取利益。

同样地，还有那些想得到公司认可的年轻员工。谈判开始前，他可能已经对你们工厂进行了实地考察，这花费了公司大量的时间和金钱。所以在正式谈判时，他最不想要的结果就是空手而归。对于一名竞争驱动的销售人员来说，最好的策略就是确定对方的最后期限，并将成交拖到规定期限的最后一刻。

如果对方实在不想空手而归，你甚至有机会在送对方去机场的豪华轿车里做成这笔生意。

组织驱动

在进行谈判时，你可能遇到过这种情况：对方看上去的确在努力寻求最佳解决方案，但问题是，这个方案必须能让他向自己的组织交差。这时你就知道自己遇到了组织驱动型谈判者。他们不但需要一个最佳的解决方案，更重要的是要能向组织交差。

这种情况在美国的国会中经常会发生，双方议员都渴望达成一个比较合理的解决方案，但同时又担心会引起自己选民的不满。尤其在双方票数相当时，这种情况更为突出。无论是共和党还是民主党，那些得到选民支持的人总能很快做出决定，但还是有一些政客由于担心得罪本州的选民而迟迟不敢拿主意。所以，各州的政党领袖们总是掰着手指小心地盘算着还差多少票才能以微弱的优势获胜，之后再让那些群众压力较大的议员投反对票。而那些支持度高的议员则只能被牵着鼻子走，被迫投出赞成票。

在和那些组织驱动型的人进行谈判时，他们通常不愿意向你摆明自己的问题，因为那会有背叛组织、和你共谋的嫌疑。所以你需要思考的是：真正牵动对手神经的到底是什么？是他们的股东、法律部门，还是政府规定？他们需要规避哪些牵绊才能最终接受你的解决方案？一旦弄清了这些问题，你就可以采取相应的措施，使最终方案更合对方所在组织的胃口。例如，当着对方其他同事的面时，你不妨坚持比较激进的谈判立场，这样你在实际谈判中的让步就会显得尤为可贵。

有一家公司曾聘请我帮忙解决组装工人罢工的问题。工会的谈判代表认为当下的解决方案足够合理了，但不足以向挣着血汗钱的工人们交差。于是我们安排了本地一家报社来采访公司总裁。在采访中，让总裁表示自己对目前的谈判形势感到十分遗憾。由于工会无法接受他提出的条件，而他已做出了最大的让步，所以如果工人们继续罢工，他就只得关停这家工厂，把生产线转移到墨西哥去。第二天，工人家属们打开报纸一看，只见报纸头条写着："工厂即将关停，工作机会流向南部地区。"当天下午，在亲属们施加的巨大压力之下，工人们开始争先恐后地接受那些当初被自己一口回绝的条件。

因此，当面对这些不得不向公司交差的对手时，你应当努力帮助他来说服自己的组织。

态度驱动

受态度驱动的谈判者会认为，只要谈判双方彼此欣赏，就没有什么不能解决的分歧，也没有不能达成的共识。态度驱动型谈判者永远不会通过电话或中间人来解决问题。他们喜欢面对面地交流，从而了解自己对手的为人。因为他们相信，只要彼此足够了解，总能找到适当的解决办法。

美国前总统吉米·卡特[1]就是典型的态度驱动型谈判专家。他曾在战争一触即发时去会见海地的塞德拉斯将军（Cédras），并恳请克林顿总统多给他们一点儿谈判时间。最终，双方和解。

这种类型的谈判问题在于，你会变得更倾向于和对方妥协。那些跟着态度走的谈判人员总是会把对方往好的方面想，以致自己常常受到对方的欺

1　Jimmy Carter，美国第 39 任总统。

骗。英国首相内维尔·张伯伦（Neville Chamberlain）就是一个典型的例子。为了避免战争，直到最后一刻他还对阿道夫·希特勒抱有幻想。甚至当他回到英国时，还得意扬扬地宣称，自己只牺牲了一个捷克斯洛伐克，就阻止了全面战争的爆发。可希特勒其实早就看出他是个天真的人，并且没过多久，全世界就都同意了希特勒的评价。

当然，和客户彼此欣赏的确对你有好处。毕竟如果只是单方面的努力，其实很难在谈判中达到双赢。你设法让客户对你产生好感的同时，对方也在想办法让你喜欢他。如果双方对彼此都很有好感，自然就容易互相做出一些让步。但优势销售谈判高手知道，有比让对方喜欢自己重要得多的事情，那就是找到一种双赢的解决方案。这样才能使这笔生意惠及双方，从而保证后期工作能顺利进行。

在下一章中，我将教给你一些谈判中常见的"套路"。如果你不熟悉这些招数，无法立刻识破对方的意图，则很可能在谈判中向对方做出一些不必要的让步，因为你会觉得那是拿下订单的唯一方式。

第30章
谈判中的那些"套路"

相信许多销售人员都有过这种尴尬的面试经历：面试官指责你做出了没有必要的让步，而你却坚持己见，认为这是拿下订单的唯一办法。事实上，你之所以会有这种想法，是因为对方用下文中的某些套路成功迷惑了你。

不过，买方的做法其实无可厚非。毕竟现实就是这样，不可能所有人都遵守你信守的那套规则。而优势谈判高手会始终把注意力集中在真正的问题上，将谈判看作一场游戏。其实，买方的一切"阴谋诡计"无非是为了给自己争取最好的交易条件。即便他在这个过程中采取了不太道德的方法，也不妨碍你做好该做的事情：尽可能地为公司争取利益。你需要掌握足够的技巧，以便一眼识破这些别有用心的"套路"，并有效地加以应对。

下面来具体讲讲这些套路。

诱饵法

谈判时，对方有时会抛出诱饵，将你的注意力从真正的问题上移开。比如说你正向休斯敦一家大型推土机制造商推销定制齿轮。2年来，你一直在给这家公司打电话，希望敲开对方的大门，可对方却一直不愿换掉供应商。可就在今天，多年来的坚持似乎就要有回报了。对方下了一笔很大的订单，条件是你必须在90天内完成装运。其实双方都知道，设计、装配、生产一种定制设备往往需要120天。虽然这笔订单让你兴奋不已，可你很快意识到，在90天内完成装运是一个不可能完成的任务。

你向工厂咨询情况，他们十分肯定地表示，想在120天内完成都够呛，并且这种非经常性的任务需要额外支付2.2万美元的工程费。无论你如何努力争取加快生产进度，也无法说服工人接单。120天，一天都提前不了，就算失去这份订单也没办法。

于是你只好回头和客户商量。你报出了23万美元的产品价格，外加2.2万美元的工程费，不包运费，只能送到对方位于托莱多的仓库，并且最快的交货期也要120天。

而客户坚持要求一定要在90天内完成交货，只有这样他们公司才能在规定时间里完成在布宜诺斯艾利斯市的一个大项目。双方都极有诚意达成这笔交易，但似乎根本找不到解决方案，谈判眼看陷入了僵局。

最后，对方告诉你："或许还有别的办法。我去和我们物流部门的同事商量一下，看看他们有什么想法。我马上就回来。"于是他离开了办公室整整15分钟。你心乱如麻，满脑子都是失去这笔订单会让自己丢掉一大笔提成。当客户回来时，你简直快要抓狂了。

只见他一脸真诚地说："确实有个办法，但我需要你的帮助。物流那边说我们可以把这批货空运到阿根廷，但这就多了一笔付给海关的费用。所以我希望你可以免除工程费，然后把齿轮空运到休斯敦，运费你们来出。"

这时除非你十分警惕，否则听到有了解决问题的方法，你很可能会感到如释重负，从而让掉2.2万美元的工程费，并同意承担6000美元的空运费。

可能直到几个月后，你才意识到对方对你用了诱饵法。6个月后，当你坐在达拉斯一家酒店的咖啡厅，和一位给那家推土机制造商提供金属板的朋友聊天时，他问你们是怎么开始合作的，你把经过一五一十地告诉他后，你的朋友会说："我不相信那人说的话。这听起来不像实话。他们有整个业界组织最完善的生产线，总是会留出至少6个月的准备时间。他们才不可能只剩90天了才订购定制设备。"只有到这时你才明白，原来送货日期根本不是关键所在。他们本可以等上120天。所谓的送货日期只是对方抛出的诱饵。对方先是让你觉得交货十万火急，这样就为之后砍掉工程费和运费做了铺垫。

应对策略

保持注意力集中，并反问对方："这是唯一困扰贵方的问题吗？"然后，使用更高权威和好人/坏人策略，告诉他："不如我们把这些问题写下来，我去请示一下上司，看看我们能不能帮到你。"在这之后，回头告诉对方："我们可以提前交货，但这会增加工程费用。"

"红鲱鱼"法

这一招其实是诱饵法的进阶版。在使用诱饵法时，买家往往会提出一个迷惑性的问题，用来诱导你在真正的要点上做出让步。而"红鲱鱼"法则是指对方假装自己正为某个不太重要的问题大伤脑筋，以此让你放松警惕，从而要求你在关键条件上让步。一旦"红鲱鱼"成功扰乱了你的注意力，你就会误以为对方纠结的点十分重要。

"红鲱鱼"一词源于英国人阻止猎狐行为的一种方法。当时英国动物权益保护组织反对捕杀狐狸，在和猎人的角逐中他们发现，只要把一条熏干的鲱鱼（腌制后呈红色）放在狐狸经过的路上，红鲱鱼的味道就会掩盖狐狸的气味，从而迷惑猎犬。每当遇到这种情况，猎人们就会大叫："这些浑蛋又在用红鲱鱼糊弄我的猎犬！"后来，"红鲱鱼"渐渐成为一个英文短语，指那些能够转移对手注意力的事情。当美国国会指控某些党派渗透进哈里·杜鲁门（Harry Truman）总统的政府机构时，他回应道："这种指控无非是条红鲱鱼，好让选民因此忘记第 80 届国会所犯下的罪行。"

当客户对你抛出红鲱鱼时，你应当始终关注谈判中真正重要的问题，不要让对方将其与某些非必要的让步联系在一起。比方说，你可能会遇到一个客户，他对你上次寄去的货物上的一个小瑕疵大发牢骚。其实那只是试错范围内一个极小的问题，而且对方以前也从未提出过这一问题。可这次他听上去很严肃，像是打算把货全部退掉。他会告诉你，假如是和你的竞争对手打交道，他一定不会遇到这样的问题，并且对方还愿意降低价格来争取机会。他这番话把你吓坏了，你担心自己不仅要面临退款，还会失去这个客户。接着，对方可能会暗示你，只要你能在价格上做出让步，他可以不再追究。这时你很可能会用真正重要的条件来解决对方制造的"问题"。

另一个典型例子是那些拖欠账款的客户，他们往往也会使用"红鲱鱼"法。公司财务副总裁要求你去取支票，或是了解对方能否货到付款。当你到那里时，客户却对你大发牢骚，责怪你上次送货太晚，导致他不得不把整条生产线停了一晚。这让你很吃惊，因为他以前从没提过这回事。这可能是他抛出的一条红鲱鱼，为了让你忘记自己是来催款的。

挑拣法

除非你已经是一名优势谈判高手，否则买家的这一招很可能会给你带来毁灭性的打击。假设你销售的是印刷产品，正在竞标某家小家电制造商的项目，其中包括装运箱、展示盒、说明手册、吊牌贴纸以及展销材料等。你一次性报出了总价，打算静观其变。

这时，客户表示很想与你做生意，但他总共收到了三份报价，其中你的价格远高于别家，他不明白这是为什么。他要求你提交一份按具体项目细分的报价，以便他能更好地评估你的投标提案。如果他对三家供应商都说同样的话，那么每个项目就有了三个可选价格，然后他就可以把业务拆分开来，把每一部分交给该项报价最低的公司来做。这有什么不道德的吗？虽说你肯定不想遇到这种情况，但并不意味着这样做是不道德的。真正不道德的是在拿到单项的价格后，有的买家会挑拣出每项业务的最低报价，并以此迫使其他竞标者让价。显然，买家往往很喜欢使用这一方法，但销售人员对此却深恶痛绝。买家会争取让对方按业务逐条签订合同，而销售人员则应尽量避免这种情况。

因为挑拣法不是什么光鲜的办法，买家往往不会对熟人使用这一招，而是会用在陌生人身上。所以，**争取与对方熟络起来可以在一定程度上避免中招**。

无论采取什么策略，在做出让步之前，一定要考虑对方到底有多少选择。对方的选择越少，你占据的优势就越大。作为销售人员，如果你拒绝在价格上做出让步，就是在迫使客户诉诸其他供应商，或同时启用多种供货渠道。在上述印刷品的例子中，客户其实才是真正的承包商，并且要分别与三家分包商签订合同。这可能会超出客户的能力范围，或是会大大增加工作量，给对方带来更大的压力，所以不建议用这种做法来控制成本。另外还要记住，当客户把所有的业务都交给一家供应商时，他所拥有的优势会比拆分业务大很多。

下面让我们回顾一下同时和多家供应商打交道的弊端。这样再遇到使用挑拣法的客户时，你就能稳住自己的价格了。

- 同时和多家供应商打交道费时费力。
- 如果客户在发货前需要备齐所有配件,那拆分业务其实是将装配过程委托给了多家供应商,而不是一家,无法控制进度。
- 把整笔订单交给多家厂商,买家在供应商面前的权力就会相应地减弱。
- 最关键的问题是,业务拆分后客户将无法监督整个生产过程。

客户的挑拣法很容易吓到那些销售新手。除非你能真正站在客户的角度,否则你可能不会意识到自己掌握着多大的权力。如果客户对你说:"你印刷说明书这项的报价太高了。如果价格能降到和你的竞争对手一样,我就把订单给你。"这时你可以这样回答:"我不可能在所有单项上都做到价格最低。你可以把这部分拿给价格更低的同行去做。"客户可能表示:"我不想这么做,同时和好几家供应商打交道太麻烦了。我想找一家能独挑大梁的供应商。"现在你意识到自己有多大权力了吧?

自作主张法

自作主张法指的是单方面假设谈判对手会接受某个条件,尤其是那些对己方有利的条件。例如,有的客户会自作主张地将寄回的支票金额扣掉2.5%,并附上一张字条:"我们上面写到的其他供应商都有15天内付款的相应折扣,所以我们相信你方也是如此。"

同样地,还有销售人员在给潜在客户寄去的信上面写道:"由于一直没有得到你的答复,所以10天内若无异议,我们将默认发出高配型号。"

这一方法针对的往往是那些很忙或是很懒的人,认为他们不会太过计较,并对此加以利用。一旦你没有任何回应,对方就会当作你默认了。而当你最终表示反对时,对方会说:"可之前从没听你拒绝过啊。"

和应对其他所有套路一样，你可以打电话给对方，礼貌地讲明建立互信关系的好处。

条件升级法

条件升级法也是一种值得注意的套路。它是指在达成交易之后突然提高价格，或是改变某些条款。从前我有一位朋友，他把自己房产的经营权卖给了一家大公司，由此变得十分富有。那时房地产行业刚刚兴起，我的这位朋友属于第一批投资者。当时该行业首创公司的创始人奔走于全国各地，希望能吸引更多持相同理念的合伙人。多年后，纽约的一家大公司买下了这家公司的特许经营权，并开始逐步回购各地区的加盟公司。在一次"优势谈判的秘诀"培训之后，这位朋友请我喝了一杯，其间他问我："罗杰，你在谈判的时候大脑里会不会有一种声音在对你讲话？"我并不想承认，于是就问他为什么这么说。他告诉我，当他签下一笔大生意，同意把自己的地区经营权卖给新股东后，他开始反思自己的决定。因为他的公司是这家大公司所回购的第一家加盟公司，对方计划让他飞去纽约参加签字仪式，随后举行新闻发布会，正式宣布总部回购各地区加盟公司的计划。"签字仪式前那一晚我睡意全无，"他告诉我，"我躺在床上，反复思考着自己的决定是否正确。突然我听到一个声音在对我说话……"

"它说了什么？"我问他，心想着肯定会是个有趣的答案。

"它说：'乔伊，你开的价不够高。'于是第二天早晨，我又向对方临时加价50万美元，结果竟如愿以偿了。"

乔伊所描述的就是典型的条件升级法案例。当然，这种做法无疑是十分可耻和不道德的。可正如乔伊用"听到一种声音"作为借口而拒绝承担责任一样，大多使用这种策略的人会认为，尽一切努力实现利益最大化并不是什么错事。那么，如此恶劣的行径又怎么会有人接受呢？可事实却是，对方往往会放下架子，轻易地让步，就像那家一口答应了额外的 50 万美元的公司一样。因为在上述情境中，对方宁愿乖乖掏钱，也不愿面对临时取消发布会的耻辱。同理，在大多数情况下，对方往往会由于投入了过多的情感而不愿就此放弃。

在那些大公司的发展史中，这样的例子可谓层出不穷。总有人会因为掌握了某些筹码，就在背后横敲一杠。我的内心告诉我，如果有人这样做，原则上应当立刻摊牌，叫停交易；可同时我又坚信，在谈判过程中不应过于感情用事。如果那家纽约的公司多付 50 万美元，成交价格仍然可观的话（事实上这的确是一笔很不错的交易），那么他们就应当放下架子，拿出这笔钱。当然，前提是以后双方不必再打交道。

幸运的是，大公司的发展历程中不乏坚守信用的人。再举个例子，某天早上，一位农场主将自己位于奥兰多的养牛场卖了出去。而就在当天，《奥兰多哨兵报》（*Orlando Sentinel*）爆料说，沃尔特·迪士尼（Walt Disney）正在当地秘密收购土地，准备修建迪士尼乐园。这位农场主完全可以毁约，好多赚数百万美元，可他却选择了坚守信誉。

当亨利·霍利斯（Henry Hollis）把芝加哥的帕尔玛酒店（the Palmer House）卖给康拉德·希尔顿（Conrad Hilton）时，希尔顿的首次报价为 1938.5 万美元，他接受了这个价格。可不出一周，他又收到了比成交价高出 100 多万美元的报价，可他却从未动摇过自己的承诺。希尔顿在自传中写道："这一生中，我和很多人做过生意，最珍贵的当属同这位完美的绅士打交道的经历。我由衷地认为他是继承美国商界传统的大师。"

应对策略

当对方想要升级要求时，可以用以下几种方法应对：

- 使用更高权威策略来保护自己。告诉对方，额外的要求并不会冒犯到你，但你们的董事会从不进行二次决议，如果对方坚持，你只能被迫放弃这笔生意。然后你还可以使用"留面子"策略（第 21 章），告诉他你虽然在价格上无能为力，但可以在其他方面提供一些具有价值的服务。
- 以其人之道还治其人之身。告诉他，你很愿意和他重新展开谈判，因为你方也有些犹豫的地方。当然，这绝不是在教你毁约。既然对方升级了要求，你也可以相应地提高要价。

当然，最好的办法还是尽量避免这种情况发生。你可以尝试以下方法：

- 把所有的细节都提前安排好，不要把任何事情留到以后再解决。那些未解决的问题往往会使客户在最后升级要求。
- 与对方建立良好的私人关系，使他羞于启齿。
- 设置大额保证金，加大对方中途退出的难度。
- 努力实现双赢，这样他就不会反悔了。

假消息法

在谈判中，假消息法其实也很常见。这一策略其实是抓住了人们爱听小道消息的心理。还记得一次演讲结束后，在回程的飞机上我和邻座讨论起了当天的总统记者招待会。"我觉得他没说实话。"那人告诉我，"我之前遇到过一个人，他有朋友就在白宫工作，那人告诉我总统其实一早就知道这件事，他只是在试图掩盖而已。"惊人的是，我发现自己宁愿相信一个陌生人的话，也不愿相信美国总统先前在记者招待会上的说法。为什么？因为人们总是更愿意相信那些所谓的小道消息。

透露假消息的方法可能会对谈判对手造成极大的影响。我们假设一名销售人员正在给目标公司的董事会做演示。为了给对方留下深刻的印象，他使用了大量的图表和影音设备。他热情满满地恳请对方选择自己，因为他坚信自己提供的是市场上最优秀的服务，并且在价格上也拥有绝对的优势。他对自己82万美元的报价提案充满了自信。这时，他注意到一位董事给另外一位董事递了张字条，接着那位董事点了点头，把字条放到了桌子上。由于好奇心作祟，这位销售人员想着一定要看看字条上写了什么。演示结束后，他走到桌边，姿态夸张地向前侧身，说道："先生们，你们还有什么问题吗？"说着，用眼角的余光扫了扫那张字条。虽然字是倒过来的，可他还是看到上面写着："环球影业的报价是76.2万美元，我们还是选他们吧。"

紧接着，董事会主席发话了："我有一个问题，你们的价格太高了，我们会在符合要求的供货商中选择价格最低的那家。82万美元就是你们的最低价了吗？"没过几分钟，慌了神的销售人员就主动把价格降低了5.8万美元。

那张字条上写的到底是真的还是假的呢？虽然那只是一张字迹潦草、毫无根据的字条，可那名销售人员还是信了，因为是他自己偷瞄到的。就算最后证实这只是对方抛出的假消息，他有资格计较此事吗？显然没有，因为没有人告诉他竞争对手给出了76.2万美元。他是用上不了台面的方式获得信息的，到最后只得自讨苦吃。

其实只要了解这一策略，就能帮助你免受其害。在谈判过程中，如果仅仅依据对方告诉你的信息进行判断，你自然会很容易被对方摆布。因此，当你发现对方故意透露出某些信息时，就该加倍警惕。

现在我已经把谈判时会遇到的套路一一讲给你了。记住，我之所以把这些摆到台面上，就是想保护你。无论何时，最好的商业策略永远是开诚布公的态度。因为这不仅是正确的做法，同样也是明智的选择。

第31章
如何与非美国人谈判

在举行"优势谈判的秘诀"培训时，我常常会被问到关于怎样与非美国人谈判的问题。在与非美国人或是在美外籍人士打交道时，似乎大家都有过不太愉快的经历。

我本人就是一名英国移民，虽然已经在美国生活了30多年，正式成为美国公民也有20多年了，但在这方面还是有比较深的感触。毕竟我同时拥有着移民背景和30多年的在美生活经历，并且先后去过100多个国家。

事实是，非美国人很容易对我们产生误解。根据我的个人经历，我知道美国、美国人与世界上其他国家和它们的人们有哪些不同。外国人对我们的印象往往来自美国电影和电视节目。然而，电影和电视节目有时无法准确地刻画出美国人的心理和思维方式，进而造成了双方在商业上的分歧。

反言之，在和非美国人打交道时，我们往往也会以为自己很了解对方。的确，他们可能穿着西装，说着英语，但这并不意味着他们的传统价值观和思维方式也会随之"美国化"。他们或许会热爱美国的音乐和电影，但即便如此，他们的生活方式和传统价值观却一如既往地坚定。

我相信，虽然美国人和非美国人之间有很多相似之处，但双方对待商业的方式仍然存在着巨大的差异。所以，在本章中我们将一同探讨，揭开与非美国人谈判的奥秘。

纽约房地产投资商唐纳德·特朗普（Donald Trump）写过一本名为《交易的艺术》（*The Art of the Deal*）的畅销书，书中详细记录了他多次出色的房产交易谈判经历。从书名中提供的信息可以看出，大多数美国谈判者最关心的问题是达成协议。的确，我们当下的社会环境也非常看重协议。

至于原因，我相信社会学家会告诉你。美国社会极具流动性，并且十分多样化，以至于美国人几乎没有什么根源感。在大多数国家，人们往往会通过一个人为人处世的风格来判断对方是否可信；而美国人则是将一份牢不可破的协议看作信任的依托。我们会问："这点在法庭上站得住脚吗？"并且认为那些不把打官司纳入考虑范围的人都太过天真。

可大多数非美国人却不会把协议看得这么重要。对他们而言，签署一份合同，仅仅代表双方在某一特定日期达成了一定的共识，或是对双方当下合作关系的正式认可。既然是一种关系，也就意味着它会随时间和条件而不断变化。

例如在韩国，一份协议在签订6个月后即可视为无效，而这会让多数美国人十分抓狂。"可我们已经签了协议啊！"美国人咆哮道。他们的韩国友商耐心地解释说："是的，我们的确签过协议，可条件是6个月前订的。现在条件变了，当时的协议自然也就没有意义了。"

"太卑鄙了！"美国人随之大喊，"你们这是在诈骗。"实则不然。在我们看来有失道德的事情对他们而言可能十分正常，因为他们的行事风格就是如此。

在和中东客户谈生意时，美国人通常会欣喜地发现对方签合同很是爽快。但很快他就会意识到，签合同只是谈判的开始，而不是结束。在他们眼里，一份协议顶多算得上是份意向书。美国商人可谓是全世界最爱打官司的人了，而且我们并不认为这有什么不妥。在印度等一些国家的销售人员看来，这种做法是很可笑的，毕竟他们的国家几乎没有什么民事诉讼体系。当然，我不会因此就改变自己的行事习惯，你也没必要这样做。我们应该做的是，意识到不同的民族与文化有着不同的处事方式，并在交易过程中努力去学习、理解，并尊重这些方式。

在对协议产生依赖之前，或许你应该先想办法让对方遵守协议。否则即便你所在的国家拥有完备的民事诉讼体系，恐怕结果也是得不偿失。

在美国，法律纠纷相当普遍，因此很多公司在打完官司后仍会继续保持合作。在我们看来，打官司是解决争端的正常方式，没什么好记仇的。而在其他大多数国家，被起诉是很丢面子的事，一旦闹上了法庭，往往也意味着双方的一切往来结束了。

从语境的角度看，当谈判双方更注重彼此之间的关系时，我们称其为"高语境"谈判。当双方更关心协议的内容时，则称为"低语境"谈判。不同民族对于谈判语境的重视程度不同，按照从高到低的顺序排列为：东方、中东、俄罗斯、西班牙、意大利、法国、英格兰、美国、斯堪的纳维亚、德国和瑞士。从这个排序中可以看出只有斯堪的纳维亚、德国和瑞士人比美国人更看重协议，而其他所有国家和地区都更在意双方之间的关系。

所以，在和非美国人进行谈判时，你首先需要知道的是，协议对他们来说并不是主要问题。他们通常更依赖彼此之间的关系，所以不妨思考一下自己和客户的关系如何。毕竟一旦双方交恶，就算你在法律上占尽优势，也挽救不了这笔生意。在你绞尽脑汁敲定协议细节时，你的对手却在花心思考量你的性格。

除此之外，美国人在跟非美国人打交道时常犯的一个错误是，总是急于直奔正题。美国人总想在第一时间投入工作。通常情况下，我们会互相寒暄几句，缓解一下紧张情绪，然后就立刻开始讨论交易的细节。等生意谈妥后，才会进入社交环节。可对于非美国人来说，他们可能需要几天、几周甚至几个月才能从交际环节过渡到正式的谈判阶段。

伊朗国王下台后，我在南加州经营的那家房地产公司与波斯人频繁往来。为了逃离新政权，这些人身上大都带有数百万美元的现金可供投资。在与这些人谈判的过程中，我发现公司的销售人员都犯了一个错误，那就是总想尽快切入正题，而这种做法会导致对方不信任自己。很快，我们发现在和波斯人打交道时，需要给对方留一些了解我们的时间，比如花上几个小时一起坐下来喝茶，之后再开始谈生意。

如果你飞到日本去谈生意，在正式谈判前，这个交际的过程可能会长达好几天。但一定要小心，日本人这样做并不单单是为了拖延时间。在培训时，许多人告诉我，初到日本的确会感到宾至如归，可一旦意识到开口谈正事有多难，这种欣喜很快就变成了一种困扰。他们给我讲了很多极端的例子，说他们直到坐上赶往机场的豪车时才正式开始谈合同。虽然到成田机场需要2个小时的车程，但销售人员仍有极大的时间压力。一想到马上就要空手而归，他们大都选择了直奔自己的价格底线。

在和非美国人打交道时，你很可能会犯两种主要的错误：第一，过分强调协议的重要性，而没有对双方的关系给予足够的重视；第二，急于切入正题。这两个实则密切相关。与外国客户培养让彼此都觉得舒适的关系需要一定的时间，而要想进一步深入直到彼此信任，甚至无须再完全依赖合同，则需要更多的时间。

下面让我们来看看典型的美国人在与非美国人打交道时的九个特点。当然，你可能并不完全符合这些特征，但即便有一条符合你，想必也能为你之后的改变带来帮助。

美国人的表达方式往往过于直接。 美国人的表达方式通常是"你们的底价是多少"或"就按现在这个价格,你们能拿多少利润"。除此之外,我们还会试图转移谈判的重点,说"我们直接摊开了说吧"或者"我们今晚就把这笔生意定下来吧"。虽然这种直率可以有效地给对方施加压力,但对于非美国人来说,这种方式未免太咄咄逼人了,他们会觉得自己受到了冒犯。

美国人往往不愿一上来就狮子大开口。 这又是我上面提到的,美国人总是希望"达成协议"和"直奔正题"。因为你总想打闪电战,所以考虑问题的时间周期往往会比非美国人要短。你以为自己能在几个小时之内完成谈判,而对方却打算用上几天时间。非美国人更倾向于提出过分的初始条件,因为他们知道,随着时间的推移,价格和具体条款都会发生巨大的变化,但这在美国人看来却是在浪费时间,只会让双方陷入无休止的讨价还价之中。

美国人更喜欢单独进行谈判。 在国际谈判中,我们经常会发现美方只有1名全权谈判代表(如果算上翻译和司机的话,有时你会看到一个3人的小团队)。可当你单枪匹马走进谈判室时,却发现自己面对的是一个10—12人的谈判队伍。这对你来说可不是好事,因为差距悬殊的谈判规模会让你的心理不堪重负。然而,这里我想着重探讨的是外国客户的反应。当对方看到一个孤零零的美国人走进来,很可能会将其解读为"他们对这次会议不够重视,只派了一个人来参加,那这肯定只是一次试探性的谈判",又或者对方会以为你只是来收集信息的,然后回去反馈给真正的谈判团队。除非你能看出这一点,并煞费苦心地向对方解释自己就是整个谈判团队,并且有权力(在一定程度上)做出最终决定,否则对方是不会把你当回事的。

美国人不太爱表露情绪。 通常人们认为英国人最擅长隐藏情绪,但美国人同样也认为在公共场合表露情绪是不可取的。如果一位美国人的妻子开始大哭,丈夫往往会以为自己做了什么伤害她的事。而地中海国家的丈夫则会好奇自己的妻子又在打什么小算盘。这一特点使得美国人在与非美国人的谈判中十分被动,一旦对方大发雷霆,我们往往就会反应过度。实际上,你应该把对方的过激情绪看作一种谈判策略,因为这在对方的文化中是完全可以接受的。

美国人更关注短期收益。除了希望跳过交际直接达成交易,美国人还倾向于尽快拿到交易完成所带来的结果。记住,当你只关注季度股息时,你的外国客户考虑的却是一项10年的计划。虽然我觉得这种说法并不公平,但许多非美国人都觉得美国人总有一种"快钱"心态。当他们在寻求长期关系时,你却似乎只关注眼前的利益,这可能会让他们感到不快。

美国人大多不会说外语。的确,英语目前是世界性的商务用语。如今,欧洲的会议通常都会用英语进行,因为英语是公认的通用语言。大多数欧洲商人都会说两种外语,其中一种必然是英语。至于大多数亚洲商人,即便他们英语说得不够流利,至少也能听懂。可遗憾的是,很少有美国人会说德语或是日语。就算有美国人会说外语,那很大可能也是西班牙语或法语。

想知道这在非美国人眼里有多傲慢吗?回想一下你在巴黎的餐厅里用餐的尴尬经历吧。当你发现服务员竟然都不会说英语时,你的想法很可能和我一样:"这可是一家面向游客的餐厅啊,肯定有很多讲英语的游客来用餐,他们为什么不去学英语呢?干吗这么为难人?"不幸的是,这种心态在美国商人中太普遍了:"如果他们想和我们美国人做生意,当然应该学习我们的语言。"而这在非美国人看来是极为傲慢和无礼的。所以,当听到对方说英文,哪怕只是几个单词时,作为美国人应该表现出惊喜。同时你还应该尽力学着说几句他们的语言,哪怕只是说声"早上好"和"谢谢"也好。

美国人无法忍受沉默。对于美国人来说,15秒的沉默仿佛有一辈子那么长。想想电视是什么时候打开的?你很可能到家不到15秒就按下了遥控器。

可对于习惯长时间思考的亚洲人来说,这种不耐烦显然是一种可以加以利用的弱点。所以在和非美国人打交道时,千万不要被对方的沉默吓倒。不妨把它当作一种挑战,坚决不做第一个开口的人。因为在一段时间的沉默之后,第一个开口说话的人往往就输了,他很可能会为此做出让步。

我的一位学员是一名银行家,他曾和我讲过自己在某东南亚国家进行谈判的经历,双方就一笔价值数千万美元的抵押贷款进行协商。"当时一共有23个人围坐在会议桌旁边。"他告诉我,"突然,他们全部沉默了,空气都凝结了。幸运的是,我想起了你对我说过的话,于是我看了看手表,暗暗发誓一定不要比他们先开口。经过了痛苦的23分钟,对方终于有人决定做出让步,我们的交易也很快达成。"

美国人不愿承认自己"不知道"。我敢说,当我在下一章中讲收集信息的重要性时,你肯定不愿意承认自己原来不知道。非美国人其实都看出了这一点,并利用它为自己谋利。事实上,你没有必要回答对方的所有问题。你完全有权告诉对方:"这个问题还没到探讨的时候。"或者干脆告诉对方你不知道,或没有权利透露相关信息就可以了。记住,不是每个问题都需要有一个答案。

美国人更容易被对方的热情"绑架"。在和非美国人打交道时,我们很容易就会被对方的热情冲昏头脑。显然,对方是在博取你的好感,你必须妥善地加以应对。如果你不想因为拒绝对方的好意得罪客户,那就回报对方。如果他带你出去吃饭,你应当带他去一个同样豪华的地方用餐。这样既还了人情,又能获得双倍的乐趣。

最后,请允许我在这里解释一下,全世界的人们仍然会钦佩和尊敬美国人,尤其是美国商人。他们信任我们,认为我们在商场中做事坦率。所以千万不要觉得我一直在挑美国人的毛病,我只是想告诉你,为什么在谈判时外国人一直对美国人存在误解。

在下一章中,我将教你如何用压力点来获得自己想要的东西,以及当客户使用压力点时你该如何应对。

第32章
谈判压力点

路易斯·阿姆斯特朗（Louis Armstrong）曾讲过自己早年做音乐时的故事："一天晚上，一个满嘴脏话的大块头闯进我在芝加哥的化妆间，要求我第二天晚上去纽约参加一家俱乐部的开业典礼。我告诉他我在芝加哥有演出，没工夫去纽约，然后就转过身去，表示我心意已决。这时我突然听到'啪''咔嗒'的声音，转过身一看，只见那人正拿着一把上了膛的左轮手枪指着我。那枪就像一门大炮，扣动扳机的声音简直像死神在召唤！于是我盯着枪把，说：'好……好吧，说不定我明天可以去纽约参加开业典礼。'"

我一向认为在谈判时拿枪指着别人是非常不礼貌的，所以没必要这么做。但有一些办法向对方施压，和左轮手枪一样有效，而且更容易接受。下面我将教你如何利用谈判中的三个压力点，以及当客户使用这些策略时你该如何保护自己。在一场良好的谈判中，双方都可以微妙地进行施压，同时也很清楚地知道彼此的目的。这既不需要任何威胁，也不用耍什么花招。

压力点1：时间压力

时间压力会使人们变得更加灵活。更确切地说，面临时间的压力时，人们往往更容易做出让步。你的孩子们肯定知道这一点。想想他们都是在什么时候提要求的，是不是在你着急出门的时候？我儿子约翰年轻的时候，经常会开车送我去洛杉矶机场，那里离我在拉哈布拉高地的家大约有1个小时的车程。我们一路上都不会讨论什么重要的事，可当他把车停到路边，工作人员把行李放到了推车上，而我正要冲进去赶飞机时，他突然说道："爸爸，对不起，我差点儿忘了，我需要50美元来修理车上的消音器。"

我说："约翰，别跟我来这套，我就是教这个的！之前怎么没听你提过这事？"

他告诉我："不好意思，我忘了，爸爸，可我已经拿了修理券，一定要在你演讲回来之前去修。所以求你了，你现在能先给我钱吗？我下周末再跟你解释。"

在和成年人周旋的日子里，孩子们本能地意识到，在时间的压力下，大人往往会变得更加灵活。

谈判中有一条潜规则，那就是80%的让步都是在最后20%的谈判时间中做出的。如果在谈判初期提出太多要求，双方达不成共识，很容易导致整笔交易流产。然而，在最后20%的时间中提出要求，对方往往更容易做出让步。

想想你上次购买房产时的情景吧。从你签第一个合同到你成为房产的所有人，大概需要10周的时间。回想一下这段时间双方做出的让步。在最后的两个星期里，双方在谈判时是不是都变得更为灵活了？

有些不道德的谈判者会利用时间这个压力点来对付你。他会等到最后一刻才提出一些本可以尽早考虑的条件。就在你准备敲定最终合同时，对方会突然把这些要求抛给你，因为他知道迫于时间的压力，你的谈判条件也会有所松动。所以，**你应该把所有的细节都预先处理好，千万不要说"哦，好吧，我们可以之后再谈这件事"之类的话。**一件刚开始看起来并不重要的小事，在时间紧迫的情况下有可能会变成大问题。假设你问对方："你们需要条形码包装吗？"对方挥挥手说道："这不是大问题，我们可以稍后再谈。"或许现在看来的确不是什么大问题，可当发货期限将至时，问题就大了。所以，何必要给自己找不痛快呢？一定要把所有细节都提前处理妥当。如果有客户表示："这点我们以后再说，又不是什么大问题。"这时你就该警惕起来了，千万别让对方的诡计得逞。

在谈判时，千万不要告诉对方你的最后期限。打个比方，你做的是家具销售，准备飞往达拉斯与一家酒店开发商谈生意。你的回程航班定在了早晨6点。即便你很想赶上飞机，也千万不要让对方察觉。如果对方事先知道你的安排，一定要表示自己9点还有一趟备用航班，或者干脆告诉对方你可以留在那里，直到得到双方都满意的结果之后再返程。如果对方知道你有时间压力，他就会把谈判的重点拖到最后1分钟。而在时间紧迫的情况下，你很可能会被迫做出让步。

在举行谈判培训时，我会安排一些模拟谈判，让学员们实战演习。我会给他们15分钟时间，并反复强调一定要在这个时间段内完成谈判。当我在房间里来回走动，偷听谈判进展时，不难看出在最初的12分钟里大家几乎没有取得什么进展。双方都在逃避问题，不愿做出任何让步。到了第12分钟，也就是80%的时间都已经用光时，我会拿起麦克风，告诉他们只剩下3分钟了。

然后我会时不时地强调时间，不断施压，最后以倒计时的方式来结束演习。结果很明显，双方80%的让步都是在最后20%的时间里完成的。

当谈判双方的最后期限相同时，就会带来一个非常有趣的问题。打个比方，你是一名餐厅设备的经销商，你们的产品展厅和仓库相连，办公室也建在了附近。假设再过 6 个月，你的 5 年租约就到期了，你必须和房东重新商讨续约。你可能会想："我可以对房东施加时间压力，好让他给我最优惠的价格。我要等到最后一刻再和他谈判。那样他就会面临很大的时间压力。他知道如果我搬走，在找到新租客之前这里要空闲好几个月。"听起来似乎是一个不错的策略，可是别忘了，到时你们面临的时间压力是相同的。

那么在这种情况下，哪一方应该利用时间压力，哪一方又应该尽量避免呢？答案是：拥有更多优势的一方利用时间压力，而优势少的一方则应避免时间压力，尽量在截止日期之前与对方展开谈判。没问题吧？可是，该如何判断哪一方占有更多优势呢？事实是，拥有更多选择的一方往往占有较大的优势。设想一下，如果没能续约，你和房东到底谁有更多选择呢？

要想确定这一点，你可以拿出一张纸，在中间画上一条线，在线的左边列出你的后备选择。你还有什么地方可以去？这些地点的租金是更高还是更低？换电话、换地址以及重新印刷公司名片需要多少钱？如果你搬走，你的客户还能找到你吗？

在这条线的右边列出房东的所有选择。这栋楼是不是专门的办公楼？找到新的租客有多大难度？新租客会愿意出更高的价格吗？为了满足新租客的需求，房东要花多少钱进行改动和修缮？

除此之外，你还必须意识到一个问题。无论是站在买卖的哪一方，大多数人都会认为自己在谈判中处于劣势，毕竟，人们非常清楚自己面临多大的压力，可不知道房东具体的处境。要想让自己在谈判当中占据更多优势，就必须意识到这一问题，并在分析过程中对此加以弥补。当你通过这种方式列出双方的选择时，最终可能会发现：房东比你有着更多的选择。这时，抛开示弱心理重新考量一下。如果结果仍是房东明显拥有更多选择，那么他就是在谈判中占据更大优势的一方。这时你就应尽量避免时间压力，给双方的协商留出更多时间。

当然，如果你发现自己拥有更多后备选择，那么完全可以拖到最后一刻再展开谈判。

时间压力还有另一种作用方式：在谈判中消磨的时间越长，对方就越有可能接受你的观点。下次跟客户谈判，当你感觉自己好像根本无法说服对方时，不妨想一想我在第 27 章说过的那些拖船。只要每次挪动一点点，一艘小小的拖船就能拖动巨大的远洋油轮。可如果拖船船长只用蛮力，哪怕铆足了劲，加速引擎，拼命拖曳那艘巨轮，恐怕也不会有任何效果。有些人在谈判时就会犯这种错误，一旦谈判陷入僵局，沮丧的情绪就会使他失去耐心，他便开始试图强迫对方改变立场。因此，你要有足够的耐心，一点一点地说服任何一个对手。

不幸的是，时间压力的作用是相互的。在谈判中投入的时间越长，你也就越容易做出让步。比如你飞到旧金山去谈一笔大订单。早上 8 点，你来到对方的办公室，精神焕发，信心满满地要达成所有的谈判目标。然而，情况并没有你想象的那样顺利。整整一上午都毫无进展，于是你们决定先去吃午饭。下午很快也过去了，可你们只是在一些小问题上达成了共识。于是你打给航空公司，预定了当天的深夜航班。晚饭过后，你暗下决心一定要谈成这笔生意。这时千万要注意，除非你能一直保持警惕，否则谈到晚上 10 点时，你可能就会开始做出一些原先根本没想过的让步。

为什么会出现这种情况呢？因为这时你的潜意识正在冲你大叫："你在这次谈判上花了这么多时间和精力，怎么能空手而归呢？必须有个交代！"一旦有了这种心态，你便成了这场谈判中的输家。优势谈判高手知道，无论谈判进行到了哪一步，都应该将已经投入的时间和金钱看作沉没成本。无论协议达成与否，先前投入的时间和金钱都已经一去不复返了。所以要时刻关注眼前的谈判条款，并提醒自己："既然先前的时间和金钱已经无法收回了，这笔交易还有必要继续下去吗？"一旦发现这笔生意不再具有价值，不要犹豫，立刻叫停。记住，接下一笔并不划算的生意带来的损失远比那些沉没成本高得多。这也正是唐纳德·特朗普成为谈判专家的原因之一，一旦一笔生意不再有价值，他总有魄力随时叫停。他曾花 1 亿美元买下了曼哈顿西区一块地皮，计划打造成电视城。随后又投入了数百万美元设计项目方案，包括一座 150 层高的大楼（计划建造世界第一高楼），以及一个相当气派的电视演播室，希望借此吸引 NBC 的注意。可他和纽约市政府谈判税收优惠时受阻了，于是果断叫停了整个项目。你也应该用同样的方式看待谈判，忘掉已经投入的成本，着重考虑眼前的进展。

压力点 2：信息压力

拥有更多信息的一方往往可以支配另一方。为什么那么多国家要向其他国家派遣间谍呢？为什么职业足球队会反复研究对手的比赛视频呢？因为**知识就是力量，对对手了解得越深，获胜的机会往往也就越大**。对于两位争取同一个客户的销售人员来说，情况也是如此——对目标公司和人员了解更多的销售人员更有可能拿下订单。

我曾经在美国医师管理学院教授过优势谈判课程。这家机构总部位于坦帕（Tampa），专门教授医师与医疗保健相关的商业运作知识，并且在行业中很出色。我的一位学员管理着佛罗里达州一个大型医疗组织，他告诉我曾有一个医保组织想找他们负责医疗服务项目。在谈判开始前，这位学员就下定决心要尽可能地了解对方。结果他发现了一件非常有趣的事情：该组织从州政府那里领到执照已经 11 个月了，还没有开始运营。根据规定，该组织必须在拿到执照的 12 个月内开始营业，否则就需要重新申请执照，从头开始。而根据该州规定，只有正式刊登过第一条广告后，该组织才能具备在本州经营的资格；但刊登广告需要先与当地某家医疗机构达成合作。

这位学员充分利用了这一信息，把谈判一直拖到了第12个月的最后一周。在那一周的星期五之前，对方如果还没能登出广告，就会被吊销执照。周一、周二，无论对方怎么电话轰炸，他就是不回。等到了周三，对方开始做出让步，最后同意了这位学员的一切要求。我并不是在提倡这种做法，而只是想告诉你，在谈判当中，信息能带给你巨大的优势，所以一定要尽力了解对方，不要让对方抢占先机。

尽管信息在谈判中的重要性显而易见，却很少有人愿意在谈判开始前花时间分析对手。然而，即便是那些不做功课不上场的人，也会由于信息收集不全而付出上千美元的代价。

那么，收集信息时应该遵从哪些法则呢？

收集信息法则1：大胆承认自己不知道。在我的培训课上，我会把学员们分成一个个谈判小组，让他们分别扮演买家和卖家。我会给他们足够的信息来完成一场成功的谈判。事实上，我会故意赋予每一方一些明显的优势和劣势，并且告诉学员们，如果对方问的问题是我事先给过答案的，就不允许撒谎。只要他们能够挖掘出对方一半的秘密，就足以在谈判中占据绝对优势。

不幸的是，无论我在学员面前强调了多少次收集信息的重要性，哪怕专门留出了10分钟用于收集信息，可大家还是不愿意认真去做这件事情。

为什么呢？因为要想挖掘信息，你必须首先承认自己"不知道"，而大多数人都对此十分抗拒。下面我用一个快速练习来证明这一点。

首先我需要你先盖住后面的答案，接下来我会问你六个问题，所有的答案都是数字，但我并不会让你去猜精确的数，你只要简单地告诉我一个大致范围就可以了。比如说，我问你美国有多少个州，你不用回答"50"，只要说"49到51"就可以了。如果我问你洛杉矶距离纽约多少英里，你可能不太确定，这时你只需回答"2000到4000"。当然，你可以非常肯定地说"1到

100万",但我希望你给出一个更为精确但也有90%把握正确的答案。明白规则了吗?

下面是我的问题:

1. 美国有多少个县?
2. 杨百翰(Brigham Young)有多少个妻子?
3. 美国在1819年用多少钱从西班牙手里买下了佛罗里达?
4. 厄尔·斯坦利·加德纳[1]一共写了多少部主角叫佩里·梅森(Perry Mason)的小说?
5. 美国总共有多少头牛?
6. 据《创世记》记载,挪亚方舟的长度是多少?

答案如下:

1. 美国有3042个县。
2. 杨百翰一共有27个妻子。
3. 美国花了500万美元买下了佛罗里达。
4. 厄尔·斯坦利·加德纳写了75部主角叫佩里·梅森的小说。
5. 美国大约有9900万头牛。
6. 挪亚方舟长450英尺。

注意,以上这些问题其实都很模糊,你根本没必要知道其中任何一项的答案。按理说,在听到这些问题后,你应该觉得:"这太荒谬了!我哪知

---

[1] 厄尔·斯坦利·加德纳(Erle Stanley Gardner),著名的侦探小说家。

道？"但你却仍然会硬着头皮回答，因为你不想承认自己不知道。那么最后结果如何呢？你都答对了吗？不太可能。其实解答方式很简单，你只需大胆地承认自己不知道，再把回答的范围尽量扩大即可。

因此，要想有效地收集信息，一定不能过于自信。你要大胆承认自己的无知，认识到你目前掌握的一切信息都可能是错的。

收集信息法则2：不要怕问问题。我以前就很害怕问问题，因为我总怕对方会不高兴。我会问对方："你介意我问你一个问题吗？"或"你方便告诉我……吗？"可我现在不会这样了。现在我会直接问他："你去年挣了多少钱？"如果对方不想告诉我，自然就不会回答。可即便他不回答，我也同样可以收集到很多信息。就在施瓦茨科普夫将军率军攻往科威特之前，山姆·唐纳森问他："将军，你打算什么时候发动地面战争？"

难道他真的以为将军会说"山姆，我向总统保证过不会向任何记者透露这个问题的，但既然你问到了，我就告诉你吧，正式进攻的时间是周二凌晨2点"吗？当然不是。显然，施瓦茨科普夫不会回答这个问题，但一位优秀的记者无论如何还是会提出这个问题的。这也许会给对方造成压力，使之感到不快，甚至会让对方说出一些本来不打算说的话。但仅仅是对方的反应也会透露出不少信息。

在国内出游时，我总会寻找一些低价的房产。几年前，我在坦帕看到一则房主直售的广告。那是一幢占地1英亩的临水别墅，售价只要12万美元。对于一个住在南加利福尼亚州的人来说，这样的价格简直让人难以置信。毕竟在我生活的地方，这样一幢临水别墅可以卖到数百万美元。于是我打给了房主，想要了解更多信息。他描述了房子的大致情况，听起来都很好。然后我问："这房子你买了多久了？"这是个很普通的问题，大多数人都会问到。他告诉我买来3年了。然后我又问："你当初花多少钱买的？"这个问题相信很多人都不会问，因为他们担心这会引起对方的反感。电话那头沉默了很久，最后他回答道："好吧，我告诉你，我当初付了 8.5 万美元。"于是我立刻意识到这笔交易并没有我想象的那么划算。当时坦帕的房地产市场很萧条，而且他也没有对房子进行任何修缮。就这样，我从这个问题中得到了很多有用信息。然而，如果对方拒绝回答这个问题，表示自己当初付了多少钱不关我的事怎么办？那样我还能收集信息吗？当然能。如果他对我撒谎怎么办？如果他说"让我看看……哦，我们当初花了 20 万美元，现在是赔钱转让"，我还能收集到信息吗？当然能。所以，千万不要害怕问问题。

提问是获取信息的一种方式，虽然看起来很简单，但大多数销售人员却往往不擅长发问，因为他们害怕惹恼客户或是以为自己早已知道答案了。我曾经在一家大型包装公司的宴会上发表演讲。晚宴期间，我正好坐在这家公司的销售经理和一个食品制造公司的副总裁中间。当时我非常想知道这家食品公司有多少业务包给了包装公司，于是就侧身问那位销售经理："他们给了你们多少业务？"

他告诉我："我也不知道。他们肯定不愿意明说，但我知道这家公司喜欢把业务分散开来。"

过了一会儿，我又侧身问那个食品公司的副总裁："你们有多少业务给了这家包装公司？"

他说："27.8%。"

对方的回答着实让我大吃一惊，我又说道："你们喜欢把业务分散给不同公司吧？"

他告诉我："以前我们的确是这么想的，但现在如果能找到一家愿意跟我们合作的供应商，我想我们会把所有业务都交给对方。"毫无疑问，我左边的销售经理一定很想知道这条消息，但他从来没有问过对方，因为他认为我右边的这位副总裁一定不愿意回答。这件事说明了什么？即便你觉得对方不会回答，或是你已经知道答案，也要大胆地提问。

收集信息法则 3：提问的场合很重要。 如果你们约在买家的公司总部见面，身处对方的势力范围，想要收集信息自然很困难。

处于工作环境中的人们，总是会被一条无形的链条所束缚——他们知道自己该说什么，不该说什么。当人们身处自己的工作环境时，对待信息的态度往往更加谨慎。但只要让他们脱离工作环境，信息的交流就会变得更加自由。相信你也觉得，如果能请客户出来吃饭，或是打高尔夫球，他就会告诉你很多在办公室里不会透露的信息。幸运的是，你往往不需要付出这么多。很多时候，你可能只需请对方到公司餐厅喝杯咖啡就可以了。有时缓和双方的紧张情绪，促进信息交流就是这么简单。

除了直接问对方，你还可以通过其他哪些方式来收集信息呢？答案是，去问那些曾经跟他打过交道的人。即使你把对方当成竞争对手，最后的结果也一定会让你大吃一惊。不妨找出你的客户还和哪些同行打过交道，然后直接打电话给那些人。

还有一个好办法就是询问对方的下属。比如说你即将跟一家计算机连锁商店的总部人员谈判。在正式接触之前，你不妨给某家分店打个电话，约个时间拜访一下该分店的经理，并和对方演练一下初步的谈判。他会告诉你很多信息（即便他并不能参与谈判），比如他们公司的决策方式、选择供应商的标准、他们会考虑的具体规范、期望的利润空间以及通常的支付方式等。在这种谈判中，一定要注意读懂对方的"言外之意"。在你不知情的情况下，谈判可能已经开始了。例如，这位分店经理可能会告诉你："总部从来不会接受低于 20% 的利润率。"但实际可能并非如此。除此之外，那些你不想让总部知道的信息，千万不要告诉这位经理。先给自己做个心理预设，假设你说的任何话都会传到他上司的耳朵里。

收集信息法则 4：通过同行交流获取信息，因为人们有着与同行分享信息的本能。 在鸡尾酒会上，你经常会发现律师们在跟其他律师谈论自己的案子，而跟业外人士谈论这些则是有悖职业道德的。医生们会和其他医生谈论自己的病人，但不会跟其他行业的人沟通这些信息。

优势销售谈判高手知道该如何利用这一现象，因为这在所有的行业都普遍适用，工程师、总管、包工头、卡车司机……包括他们的雇主，都会对同行有天然的亲切感。只要让他们聚到一起，自然就会产生信息互通，而这是其他方式无法实现的。

比如，你可以带一位自己公司的工程师，让他跟对方公司的工程师们进行交流。这时你就会发现，跟高级管理层（你的谈判对手可能所处的层级）不同，工程师之间存在着一种全行业共通的纽带，这种纽带不单单局限于他们目前所在的公司，所以两者之间会交换各种各样的信息。

当然，你也必须确保己方的工程师不会泄露任何对你不利的信息。也就是说一定要选对人。仔细地告诉他你愿意告诉对方什么，又不希望对方知道什么，即你的公开议程和隐藏议程，然后就让他去尽情收集信息吧。同行之间收集信息是非常有效的。

收集信息法则5：不要过分重视那些从非正常渠道得来的信息。一定要注意，有时这些信息可能是对方故意设计的陷阱，用来欺骗你或是分散你的注意力的。

我有一位学员名叫安迪·米尔斯，他是美德林工业公司（Medline Industries, Inc.）的总裁，这是一家价值数十亿美元的医药设备供应商。安迪不仅让我培训他们庞大的销售团队，而且仔细研究了我的资料，甚至都可以代我去主持培训了。他喜欢谈判，尤其是和我谈。有一次，我收到了他公司的一张培训款支票，存根上粘着一张他写给自己助理的字条，上面写道："罗杰要价太高了，30人以上的培训可以请他，小规模的培训就找其他公司吧。"助理把字条交给我，表示很担心我们会失去这个大客户。"别担心，"我告诉她，"安迪就是这样。他知道我们通常会更看重那些按理不该去看的信息。"

压力点 3：做好随时离开的准备

在本章的三个压力点中，这一条是最行之有效的。这一方法其实是在告诉对方，如果他不能给你想要的东西，你就会退出谈判。坦白讲，如果说有什么办法可以一招制胜，让你的谈判水平快速提高 10 倍的话，那就是随时准备离开。其危险就在于，谈判中有一些心理节点，一旦越过，你可能就再也无法脱身了。当你开始想：我一定要做成这笔生意；我会尽力争取最好的价格和条件，但原则是必须达成交易，这时就来到了第一个节点。

一旦越过这个点，不再能够随时走开，你就注定会输掉这场谈判。所以，一定不要越界。并没有一笔交易是需要你不惜一切代价去争取的。一旦你认为这笔订单非签不可，你就不战而败了。

在我的培训班上，每当人们讲述自己在谈判中犯的错误时，往往都会有同样的问题：他们失去了随时准备离开的勇气。在讲述谈判经过时，他们会告诉我："眼看到了谈判的转折点，我当时下定决心要拿下这笔生意。"从下定决心的那一刻开始，他们就已经输掉了这场谈判。

许多年前，我的女儿买了她的第一辆车。她在经销商那里试驾了一辆价格不菲的二手汽车。她立刻爱上了那辆车，并且经销商也看出了这一点。然后她回来要我陪她一起过去，希望能谈个好价钱。任务相当艰巨，对吧？在去那里的路上，我说："朱莉娅，你有过今晚空手而归的打算吗？"

她说："不，我可不要。我想要那辆车，我一定要买！"

于是我告诉她："朱莉娅，要是这样的话，你还是拿出支票簿乖乖接受他们的开价吧。因为抱着这样的心态，谈判还没开始你就已经输了。我们必须做好随时离开的准备。"

之后在谈判的 2 个小时中，我们两次走出了展厅，最终以低于她预算 2000 美元的价格买下了那辆车。

在那场谈判中，我女儿赚了多少钱？每小时 1000 美元（别忘了我还没算上自己平时的收费）！如果有份时薪 1000 美元的工作，相信我们都会去做的。所以说，没有什么比谈判更快的赚钱方式了。

一旦学会暗示对方，如果得不到想要的条件你随时会离开，你就成了一名优势销售谈判高手。

当然，在假意离开前一定要确保你已经激起了客户足够的购买欲。很显然，当客户并不是很想购买你的产品或服务时，如果试图用离开来威胁对方，你可能会在回去的路上懊悔不已："刚才我做了什么？"

你可以试着把整个销售过程分为四个步骤：

- 寻找目标。找到那些需要你的产品或服务的人。
- 筛选客户。对方能够负担得起吗？
- 激发欲望。设法让对方渴望得到你的产品或服务。
- 成交。让对方做出承诺。假意离开的策略往往用在第四阶段。只有当你成功地激起了对方的购买欲之后，才能采用这一方法要求对方做出决定。

请记住，你的目的是通过假意离开来争取更多筹码，而不是真的要退出谈判。千万别跟我说："罗杰，你会为我感到骄傲的。我刚从一场价值百万美元的谈判中退出了。"就好像巴顿将军对自己的士兵所说的那样："要保持目标明确。你们的目的并不是为国捐躯，而是让对方为他们的国家而死。"

在事关重要的谈判中，如果眼看一笔大买卖已经危在旦夕，一定要在威胁对方自己打算离开的同时用好人/坏人策略给自己留下后路。千万不要擅自行动，而是要留下一个人负责唱白脸。这样，当你威胁要离开，而对方却没有表示"嘿，等等，你这是要去哪儿？回来吧，我们好好谈"时，你还可以使用好人/坏人策略来挽回局面。这时好人可以说："不好意思，他只是情绪有点儿激动。如果你能在价格上稍微灵活一点儿，我想我们还是有机会合作的。"

优势销售谈判高手知道，学会巧妙地与对手沟通，让对方意识到你随时准备离开谈判，是所有施压方式中最有力的一招。

在本章，你已经了解了谈判中的三个主要压力点：时间压力、信息压力以及做好随时离开的准备。下一章中，我会告诉你在谈判中出现问题时该怎么做。

第33章
谈判中的问题

如果你是一名大单销售员,相信你经常会在跟客户进行谈判的时候遇到僵局、困境和绝路。以下是我对这三个名词的定义:

- 僵局,是指双方在某一重大问题上存在分歧,导致谈判无法顺利进行。
- 困境,是指双方虽然仍在谈判,却似乎无法取得任何进展。
- 绝路,是指谈判毫无进展,以至于双方都认为没有必要再继续谈下去了。

如何走出僵局

记住,僵局是指双方在某一重大问题上存在分歧,导致谈判无法顺利进行。缺乏经验的谈判者很容易混淆僵局和绝路。下面是四个例子:

- 底特律一家汽车制造商的采购代理告诉你:"在今后的 5 年里,你们需要每年把价格降低 2 个百分点,否则我们只能另找供应商。"你知道如果按他说的来，你们根本无法盈利，所以在面对这种僵局时，你很容易会认为双方的谈判走入了绝路。

- 有客户对你说："我很想和你做生意，可你要价实在太高了。我们收到的其他三家报价都比你低得多。"而你们公司明文规定不参与竞标，所以你很容易感觉自己走到了绝路，而实际上双方只是陷入了僵局。
- 客户冲你大喊："我不想和你谈这个。给我退货退款，否则你见到的下一个人就是我的律师了！"即便如此，也不意味着谈判步入了绝路，这同样只是一个僵局。
- 一家管道装置供应公司的总裁用雪茄指着你的脸咆哮道："我来给你上一课吧，小子。你的竞争对手会给我90天的账期，所以如果你做不到，我们就没什么好谈的了。"而你知道，公司成立72年来，你们从未破例给客户超过30天的账期，所以你很容易认为双方的谈判走向了绝路，其实你只是陷入了一个僵局。

对于谈判新手来说，以上这些情形听起来都像是陷入了绝路，可对于优势谈判高手来说，它们只是僵局罢了。在遇到僵局时，其实有一种非常简单的应对策略。该策略被称为"搁置策略"，**也就是把双方产生分歧的问题搁置到一边，先讨论一些小问题。在不断解决小问题的过程中积聚能量，之后你就会发现先前让谈判陷入僵局的问题变得容易解决多了。**

1991年，当美国国务卿詹姆斯·贝克（James Baker）面对态度强硬的以色列方时，为使对方接受和平谈判，便诉诸了这一策略。以色列人起初认为，任何形式的谈判都是为了让他们放弃领土，所以干脆拒绝跟对手讨论此事。詹姆斯·贝克是一名非常优秀的谈判高手，他知道，要想走出僵局，他必须先把这一问题搁到一边，通过解决小问题来为谈判造势。于是他这样说道："好吧，我看得出你们还没有做好和谈的准备，但我们不妨先把这个问题放一放。设想一下，如果真的举行和平会谈的话，你们希望把地点设在哪儿？是华盛顿、中东，还是马德里这样的中立城市呢？"就这样，他一步步地推动着谈判的进展。然后他又提出了会谈中巴解组织谈判代表的问题：如果巴解组织派代表参加谈判，以色列方面希望对方派谁呢？通过解决这些小问题不断积聚动力，最后他发现让以色列同意和巴解组织举行和平会谈已经不再是什么难事了。

你难道没有遇到过言辞强硬的客户吗？比如，某一客户说："我们可以考虑和你做生意，但我们绝对不会接受这种付款条件，如果这就是你想要的，那还是算了吧。和其他供应商一样，你也得给我们90天的账期。如果你能接受，我们再谈，否则就没有什么好谈的了。"

另一个例子是当你正和客户谈判时，对方告诉你："我们的确有兴趣和你谈谈，但你们需要在本月初先提供一份样品，因为我们马上要在新奥尔良举行年度销售会议。如果你们做不到，那就没必要浪费时间再谈了。"

即便你根本做不到在那么短的时间里发出样品，你仍然可以使用搁置策略："我完全理解这对你很重要，但我们先把这个问题放一放，聊聊其他事项。我想先了解一下工作的细节问题。你们需要我们使用工会员工吗？付款条件方面有什么要求？"

通过使用搁置策略，你首先解决了许多小问题，并以此积聚了足够的动力，好在之后引出真正的重要问题。我在前面就讲过，千万不要把谈判的焦点集中到某个单一问题上，因为那时双方就不得不分出个输赢。然而，通过在小问题上达成共识，为后期的谈判造势，你就能使得那些比较大的问题更容易得到解决。那些缺乏经验的谈判者总认为自己必须先啃硬骨头。他们会说："如果我们不能在价格和条款这些重要问题上达成一致，何必还要浪费时间讨论那些微不足道的问题呢？"可优势谈判高手明白，一旦双方在小问题上达成了共识，对方的谈判条件就会灵活许多。

> **要点回顾**
>
> - 千万不要混淆僵局和绝路。其实谈判很少会真的走进死胡同，所以通常双方只是暂时陷入了僵局。
> - 搁置策略可以有效地化解僵局，比如，你可以说："我们先把这个问题放一放，讨论一些其他问题，可以吗？"
> - 通过解决一些小问题为谈判造势，但不要把谈判的焦点局限在单一的问题上。

如何脱离困境

困境其实是介于僵局和绝路之间的一种状态。此时双方仍在继续谈判，但似乎无法取得任何实际进展。

这里的困境有些类似于帆船术语中的"正顶风区"，意思是船头指向了风向，导致船体转动不灵。这时若想迎风换舷，你的动作须平稳、连贯，否则帆船就会被风困在原地。其实帆船并不是完全逆风航行的，而是需要与风向保持一定的角度。所以当你马上要正顶风时，一定要尝试用各种不同的办法来让船移动。你可以摇晃舵轮或舵柄，或是调整主帆角度改变动力方向等。同样，当谈判遇到困境时，你必须改变着力点来扭转局面。除了降低价格之外，你还可以采取以下七种方法：

- 切换场景。可以提出在午餐或晚餐时继续讨论。
- 转换话题，缓解紧张气氛。比如可以聊聊日常爱好、新闻八卦、趣闻逸事等。
- 在财务问题上稍作调整。比如延长账期、降低订金或是调整付款方式。

这些调整都足以改变现状，让谈判走出困境。记住，对方可能并不愿意提出这些问题，因为他担心这会显得自己经济状况不佳。
- 讨论与对方共担风险。对方可能会对某些后期的隐患问题存在顾虑。可以试着提出从现在起 1 年之内，对方可以退还那些状况良好的闲置库存，只需付 20% 的回收费用。合同中如果有这样一个条款，考虑到未来市场的变化，可以在很大程度上减轻对方的担忧。
- 尝试改变谈判的气氛。如果谈判一直处于态度驱动的状态，双方都十分低调，不妨试着开启竞争模式；如果谈判双方前期一直剑拔弩张，可以尝试转向态度驱动，营造更为和谐的氛围。可以参考前文不同驱动下的谈判方式，通过不断切换调整走出困境。
- 提出改变规格、包装或是运输方式，观察这种建议能否引起对方积极的反馈。
- 主动表示后期愿意以仲裁方式解决分歧，这样对方很可能就会暂时忽略眼前的分歧。

如果是团队谈判，还可以考虑以下方法：

- 调整谈判团队成员。律师们最爱用的借口是："我今天下午必须出庭，所以我的搭档查理会代表我继续谈判。"所谓的出庭可能只是去打网球，但这无疑是一种更换成员的巧妙方式。
- 调走团队中激怒过对方的成员。真正老练的谈判高手并不会介意被调离谈判，因为他在谈判中扮演了一个极为重要的角色——黑脸。调走和对方有冲突的成员，实则是主动做出让步，给对方施以一定的压力。

> **要点回顾**
>
> - 注意僵局、困境和绝路之间的区别。当谈判陷入困境时，双方其实仍在致力于寻找解决方案，只是暂时没有找到前进方向而已。
> - 若想成功脱离困境，必须尝试做出某些改变，从而扭转谈判的局势。

如何走出绝路

如果事态进一步恶化，你可能会真的走入绝路。所谓绝路，就是指谈判毫无进展，以至于双方都认为没有必要再继续谈下去了。在销售谈判中，其实很少会出现走入绝路的情况，但如果不幸发生了，唯一的解决办法就是引入第三方——一个调解人或仲裁员的角色。

仲裁员和调解人之间有一个很明显的差别。一般而言，谈判双方往往都会尊重并遵守仲裁员的裁决。如果某个与公众福利密切相关的工会组织，比如交通运输或环卫行业的工会举行罢工，联邦政府就会坚决要求指派一名仲裁员，并且双方须无条件接受最终的裁决结果。而调解人就没有这种权力。调解人往往只是来帮助双方解决问题的，充当着催化剂的角色，他利用谈判技巧帮助双方找到一个彼此都认为合理的解决方案。

谈判新手总是不太欢迎调解人的介入，因为他们认为这是一种承认自己无能的表现，他们会说：“我可不想向销售经理求助，因为他会觉得我不擅长谈判。”可优势谈判高手知道，请"外援"不仅是因为他经验更丰富，而且能帮助自己解决问题。以下是第三方的一些独有优势：

- 调解人可以分别联系两方，并建议他们采取更为合理的立场。仲裁员甚至可以要求双方在 24 小时之内提出最终方案，然后由他挑选一个比较合理的方案。这会迫使各方变得更理性，因为他们担心自己的对手可能会提出一个更加有吸引力的方案。在这种情况下，谈判实际变成了一场封闭式的解决方案拍卖会。

- 由于调解人过滤信息时不会带有任何偏见，所以他可以更好地倾听各方的声音；因为第三方不存在什么危机感，自然就更能发现隐藏的问题。
- 谈判双方都和调解人没有什么利益纠葛，这也就赋予了他更强的说服力。正如我在《优势说服力的秘诀》一书中指出的那样，如果听者认为有利可图，你的说服力就会大打折扣。例如，当你告诉客户自己没有收取佣金时，他会更愿意相信你。
- 在直接谈判时，我们往往觉得一旦对方开始试探，就意味着他打算松口了。而调解人可以分别向双方提出推荐方案，却不会引起这样的误会。
- 仲裁员可以在不做任何让步的情况下，让双方重回谈判桌。

仲裁员和调解人在谈判中都能产生很大影响，但前提是双方都相信他是中立的。有时，为了塑造不偏不倚的形象，可能需要付出很大的努力。比如说双方都坚持组建三人的仲裁小组，则先由各方指派一名仲裁员，再让选出的仲裁员确定第三名仲裁员，并且这三人都必须是美国仲裁协会（American Arbitration Association）的成员。除了保证仲裁过程合法，该协会还对其成员的仲裁方式有着严格的规定。

然而，在销售谈判中，情况往往要简单得多。你们通常只需要一位调解人，而不是仲裁员。可如果你请来自己的销售经理解决纠纷，你觉得客户会相信这个第三方是中立的吗？当然不可能。所以，要想在客户心目中确立中立的形象，你的销售经理得费点儿脑筋。要想做到这一点，他应当在调解刚开始时就向对方做出一些让步。

当你的经理赶到谈判现场时,即便他早已知道双方的分歧所在,还是要说:"我还不太清楚到底发生了什么。可以分别阐明一下情况吗,让我看看有什么能帮到你们?"请注意这里的措辞,通过要求双方表明立场,这位经理其实是在暗示自己在评判过程中不会有所偏倚。另外,每当提到你方时,他应注意避免使用"我们"这样的字眼。

耐心地听完双方的意见后,他应该转身对你说:"你不认为自己有失公平吗?要不你再考虑一下他的要求?比如,你可以接受60天的账期吗?"千万不要觉得他是在胳膊肘朝外拐,其实你的经理只是在努力在客户眼中保持中立。

我曾经参加过一次公司收购谈判。当时双方的律师团正试图解决双方之间的分歧。经过几周的谈判,我们似乎绕进了死胡同。其中一位律师很聪明,他说:"这次谈判所花的时间显然比我们想象的长很多。我今天下午要出庭,但是不用担心,我的搭档乔在午饭后会来接替我的位置。"

午饭后,乔如约而至。他对这次谈判的内容一无所知,所以谈判双方必须向他解释目前的进展。为了保持中立,乔是这样做的,他对自己一方的律师说:"我们逼得这么紧对他们是不是不太公平?或许我们应该做出点儿让步。"

听到这话,对方会觉得:"嗯,他好像比之前那个人更讲道理。说不定我们可以找到解决办法。"作为中立者,这名律师找到了双方的共识点,并最终使双方走出了绝路。

所以,当你在谈判中走进了绝路时,不妨引入一个被双方都认可的中立第三方。

卡特总统在戴维营就是这么做的。美国花了很多年才得以被埃及政府视作中立方。因为埃及和苏联是友邦,并将美国视作自己的敌人。在试图改变这一印象的过程中,亨利·基辛格发现了一个绝佳的机会,并成功地把握住了。在和埃及总统安瓦尔·萨达特(Anwar el-Sadat)进行沟通时,基辛格发现对方正为请苏联人清理苏伊士运河这事头疼。当时苏伊士运河堆满了战时沉船的残骸，不得不关停。

苏联政府也愿意帮忙完成这项工作，可由于严重的官僚作风，所以行动速度相当慢。

这时基辛格表示："需要我们的帮助吗？"

萨达特十分震惊，问道："你愿意帮我们吗？"基辛格当即打给了白宫，向尼克松总统请示。几天之内，第六舰队就开进了苏伊士运河。从那时起，埃及政府开始重新审视美国在以色列和埃及之间的中立角色。这一举措最终使卡特总统成功签订了戴维营协议。

千万不要认为自己必须不惜一切代价来避免僵局、困境和绝路。经验丰富的谈判者会把它们视作向对方施压的工具。害怕走向绝路，也就意味着你再也无法离开谈判桌，同时也就放弃了最强有力的一种施压手段。

要点回顾

- 当你真的走上绝路时，解决问题的唯一办法就是引入第三方。
- 第三方可以是调解人或仲裁者的角色。调解人只能帮助双方寻求解决方案，但仲裁者的裁决则需要双方绝对接受和执行。
- 不要把求助第三方错以为是无能的表现。第三方能够解决很多谈判双方无法直接解决的问题。
- 第三方必须被双方都认可是中立的。为了塑造这一形象，他可以在调解刚开始时就向对方做出一些小让步。
- 要勇于面对绝路。只有做好了随时离开的准备，你才能发挥自己真正的实力，成为一名出色的优势谈判高手。敢于放弃，在谈判桌上其实是一种强有力的施压方式。

在这一部分中，我教会了你如何面对谈判中出现的问题，例如如何处理僵局、困境以及绝路。下面我将会讨论一个令所有销售人员闻风丧胆的话题：如何应对愤怒的客户。

第 **34** 章
如何应对愤怒的客户

愤怒的客户是销售谈判中常常会遇到的一个严重问题。可能有些地方出了大乱子，比如发货延迟，你不小心要价过高，或是对方觉得受到了欺骗……不管什么原因，结果就是你的客户现在很生气。所有销售人员都害怕遇到这种情况。

但只要学会了我下面谈到的三个步骤，你就会发现这种问题将不再是问题，你已经能够应对自如。

几年前，加州 442 座城市的市长们邀请我举行一场如何进行人质谈判的演讲。"打个比方，"我说道，"你是加州一座小城市的市长，某天突然接到电话，说市中心有起恐怖事件。警察局局长赞成直接一炮轰平，格杀勿论。这时，有人递给你一个扩音器，对你说：'通过谈判解决是吗？那你来吧。'"

一位市长喊道："等等！我当时就比第二名多了 47 票，要不让他来吧。"

毫无疑问，销售人员很少会遇到这种情况，但如果学会如何应对人质事件，愤怒的客户对你而言就不在话下了。当然，首先你一定要让对方发泄自己的怒气。因为人们都需要发泄。但一定要确保你们位于一个封闭的办公室里，这样才不会打扰到你身边的人。此后马上采取第一步行动。

步骤1：确立标准

在这一阶段，你应该弄清对方到底想要什么。**即便你知道自己不会喜欢对方的答案，也不能忽略这一步。哪怕你不能或不愿向对方做出任何让步，也一定要让对方清楚地说出自己的要求，让他确立自己的标准。**

比如一些恐怖分子，他们可能想在电台上发表5分钟的讲话，又或是索要10万美元的赎金，并让你释放某些囚犯，甚至可能是要一些你完全愿意拱手相送的东西。O.J. 辛普森（O.J. Simpson）在逃时，他自首的要求只是一杯橘子汁和一个洗澡的机会。得克萨斯州的劫持案中，戴维·科里什（David Koresh）只希望警方播放一段他自己录制的录像；炸弹客（Unabomber）则是希望自己的宣言能在《纽约时报》上发表。

曾经有一家全国性的房地产连锁公司邀请我去它的年度大会上发表优势销售谈判的演讲。当大家分发完奖杯，准备午休吃饭的时候，我看到一位分公司经理冲进房间，一把抓住公司副总裁，大喊道："你又来这一套了！我手下顶级的销售人员竟然没得到任何奖励。如果你不认可我的团队，我拿什么保持他们的积极性？"

可他显然选错了时机，因为那位副总裁回答道："你知道他为什么没有得到奖励吗？因为你没有按时交销售报告！"

"我交了！"

"不，你没交。你在这儿工作已经5年了，却一次都没有按时交过销售报告。"就这样，战火点燃了！旁边本打算与副总裁交谈的人纷纷尴尬地走开。我开始计时，看看这位副总裁要用多久才能弄清对方到底需要什么。

23分钟过去了。这期间，双方一直在不停地大吵大嚷。那位经理说道：

"我要带上我的销售团队走，不干了！"而副总裁回答道："如果你就是这么表达对公司的忠诚的，这样的员工不要也罢。"

这时问题开始变得严重了。可实际上，只要这位副总裁冷静下来，告诉分公司经理："哦，很抱歉他没能拿到奖杯。你想让我怎么做呢？"

经理可能会回答："午餐或是下午的时候，对他表示一下认可，行吗？"

副总裁可以说："如果我答应你，你会怎么报答我？你可以保证下次一定按时交来销售报告吗？如果可以，这样的情况就不会再发生了。"

这样一切矛盾就都解决了！

可现实生活中，这种情况经常发生，不是吗？比如，你走进办公室，发现两位员工正在饮水机旁争吵。他们看起来都十分不悦，所以你想看看自己是否能帮上忙。可在问清之后，你吃惊地发现双方居然会为了鸡毛蒜皮的小事争论。只是因为其中一方借了另一方的订书机，没有及时归还，两人就开始争吵，从此一发不可收拾了。在日常生活当中，我们与孩子或配偶之间也经常会发生这样的事情。有人说错了话，有人给出了错误的反应，事态就变得越发严重起来。可事实上，我们原本没打算把事情搞到这个境地。到最后，不知该如何改变自己在谈判中已经确立的立场。

又比如，乘客们本以为自己会在3小时之后抵达开罗，可没想到他们遭到了劫持，在飞越了整个欧洲之后，又被迫飞往纽约，最后回到了法兰克福。最后，乘客们终于被释放。一位乘客看到了汉莎航空公司的负责人，跑上去一顿怒吼。他错过了自己在开罗的所有商务行程，还被恐怖分子劫持了整整3天，因而感到怒不可遏，痛斥汉莎航空缺乏安全感。这位负责人当时一定在想该怎么才能让眼前的人冷静下来。幸运的是，他知道该怎么做，那就是先弄清对方想要什么。那么，你知道那位乘客想要什么吗？飞行里程！这就是他的全部条件。

有时情况并没有你想象的那么糟糕，但即便如此，你最好还是让对方首先表明立场。之后作为回应，你可以告诉对方你的态度，你愿意答应什么，不愿答应什么。所以，第一个步骤就是要确立标准。

步骤2：交换信息

等到确立标准，确切地了解了对方到底想要什么之后，你就可以进入第二个阶段：尽可能地了解眼前的情况。

无论在何种谈判当中，收集信息都是至关重要的一部分。前面我就详细讲过如何利用信息给对方施压。同样，获取信息也是所有谈判中的第二个步骤。

在这一阶段千万不要妄下结论，要努力获取更多信息。遇到恐怖分子时，我们可以试着了解：这个人是否属于某个恐怖组织？他以前是否参与过类似的恐怖袭击？他信仰什么宗教？我们是否能请一位牧师或是神父？他的家人在哪儿？我们可以请谁来帮忙解决问题？尽我们所能地搜集所有信息。

如果你听到某次人质谈判失败，有人被杀害，那么应该仔细查阅相关报道，看看问题是否出在谈判专家没能或是没有足够的耐心去了解当时的情况。

一天，有个男人在比弗利山庄的罗迪欧大道上走着，口袋里装着一把枪。（现在你可能已经听说了，这种情景在南加州屡见不鲜。还记得不久前高速公路上发生的枪击案吗？当晚我就在汽车保险杠上贴了贴纸，上面写着："掩护我——我要换车道了。"所以我们对此已经见怪不怪了。）他闯入了一家梵克雅宝珠宝店，从口袋里掏出枪。前门的保安见状立刻锁上大门，把所有人都关在了里面。好了，现在请看一道选择题，你认为保安的做法是：

A. 笨　　B. 傻　　C. 以上都是

现在我可以理解，为什么这家珠宝店的墙上有块牌子，上面写着："自己先离开商店，再将劫匪锁在里面。"

比弗利山庄警方立刻调动了南加州所有的特种部队，很快，他们在周围所有大楼的顶上都布置了狙击手，并将两个购物街区全线封锁了整整三天。商户们简直都要疯了，这直接导致他们损失了数百万美元。就在第三天的时候，他们终于看着这位年轻人被押走了，直到此时，他们才知道此人的名字。在此之前，他们并没有进行任何信息搜集工作。

如果你是一名销售经理，你手下的某位重要职员打算辞职，你到底怎样才能让他留下来呢？了解对方想要什么——即便你可能不喜欢对方给出的答案，即便公司明文规定不许员工用辞职威胁上司给自己加薪，你还是要尽量弄清情况。**与其发无用的火，不如学会交换信息。**

抱着这种心态，你可以告诉对方："查理，我们可是 6 年的老朋友了！我真不敢相信你会为了多赚那么一点儿钱而冒险换工作！"搜集的信息越多，你就越能掌握主动权。你可能发现这位员工是因为婚姻问题而被迫离开这座城市的，工资根本不是真正的原因。

学会交换信息非常重要，这是每次谈判的第二个不可或缺的步骤。

步骤 3：达成共识

只有在完成前面两个步骤之后，你才能进行第三步：达成共识。这也是大多数人普遍追求的目标。

首先，你需要找出对方认为有价值但对你而言没那么重要的东西，接着再找出那些你真正在意的条件。

千万不要觉得双方的让步必须是完全对等的。别忘了，你眼前这个愤怒的客户此时是相当不理性的，而你要做的则是始终保持理智思考。比如说在人质劫持案件当中，劫持者可能会为了一份鸡肉三明治和一瓶啤酒而释放6名人质。同样，客户在生气时，或许只要你做出某个保证，对方可能会直接忽视某个真正重要的问题。

所以，下次遇到愤怒的客户时，试试这三个步骤。之后你就会发现，要想平息对方的怒火并重获对方的信任有多么容易。

在下一部分，我将教大家如何理解自己的对手。

第8部分

理解你的对手

第35章
增强个人影响力

每当面对客户时,我们自然会感受到自己对对方有多大的影响力。有时,你会对眼前这笔生意充满信心,心中暗想:"我今天应该会很幸运。"有时这种感觉会更强烈,你甚至觉得自己可以掌控全场,并坚信自己无须让步就能如愿以偿。的确,这种感觉并非空穴来风,因为你知道买家非常需要你提供的产品或服务。但在销售谈判的大多数情况下,这种想法往往是主观的,你也不清楚自己为什么会有这种感觉。在本章当中,我将为你揭开这种感觉的神秘面纱。相信读完本章之后,你就会明白自己的个人影响力究竟从何而来,以及有些客户是如何利用这种心理主导谈判的。

合法力

个人影响力的第一个要素是合法力。任何有头衔的人都有这一权力,因为头衔有影响人的力量。如果你的名片上写着"副总裁",也就意味着你已经比那些普通的销售员抢先一步了。当我还在经营房地产公司时,我会让那些负责区域地推（挨家挨户地登门拜访，以抢占当地市场）的经纪人在名片上写"片区经理"。他们告诉我，这一头衔明显改变了当地业主们的态度。

所以，如果你的名片上没有一个响亮的头衔，或许你的公司应该重新考虑此事了。一般来说，公司中正常的层级结构由低到高分为：片区经理、区域经理、大区经理，因此大区副总裁的名号自然会给人留下格外深刻的印象。虽然也有极少数命名完全相反的公司，比如片区经理实则掌管着整个美国西部地区。我并不是要建议他们迎合大家，但不得不承认的是，按一般传统来说，片区经理听上去的确不如大区经理有权威。

所以，不要犹豫，尽管把你的头衔写到名片、信笺和名牌上，这会改变客户对你的看法。

除此之外，在谈判时，如果有这个权力，一定要让客户来找你，而不是跑到对方的领地上去。当处于对方的势力范围内时，他自然就占据了更多的优势。比如你要带对方去某个地方，一定要用你的车子，因为那样会让你有更多控制权。如果是带客户吃午饭，也要去你选择的地点，而不是他经常光顾的餐厅，因为在那里他会更容易掌握主动权。

所以，一定要使用你的头衔，但同时千万不要被对方的头衔吓到——有些头衔可能毫无意义。从南加州大学毕业拿到金融学位之后，我女儿朱莉娅便进入了纽约证券经纪公司迪恩威特（Dean Witter，现已更名为Morgan Stanley Dean Witter），并就职于比弗利山庄的一处分公司。一天，她说道自己想做这家公司的副总裁。我告诉她："朱莉娅，设定人生目标时一定要脚踏实地。这可是一家大公司，你可能要花很多年才能当上副总裁。"

她说："哦，不是的，我想在年底之前成为副总裁。"

我问她："你们公司有多少位副总裁？"

她告诉我："我不知道，但至少有几千个。单在我们这家分公司就有35位副总裁。"

毫无疑问，迪恩威特公司非常了解头衔的重要性。

A.L.威廉姆斯（A.L. Williams）在《尽你所能》(All You Can Do Is All You Can Do)一书中宣称自己每个月要任命100位副总裁。哪怕只是和每位新任命的副总裁握握手，也够他忙的了。所以，千万不要被对方花哨的头衔吓到，因为那头衔可能根本没有什么实质性的意义。

还有一些其他形式的合法力。比如公司的市场定位。无论你的公司是市场上最大的还是最小的、历史最悠久还是最新锐的，你都由此拥有了一定的合法力。你可以自称是最全球化的公司，或者也可以宣称自己的公司是最专业的。你可以告诉客户，作为初创公司，你们比同行更为努力，又或是你在这个行业已经有40年的经验了。如何定位并不重要——任何一种定位都会赋予你一定的合法力。

奖赏力

个人影响力的第二个要素是奖赏的权力。优势销售谈判高手知道，一旦你认为对方有奖励你的能力，同时也就赋予了他凌驾于你之上的权力。你认为客户下订单是在奖赏你，其实那是给了他威慑你的权力。这就是你在谈大单时往往畏首畏尾的原因。潜在的奖赏越大，你就越是敬畏对方。当然，这种感觉完全是主观的，不是吗？刚开始工作时，1000美元对你而言都是一种奖赏，可到了后来，10万美元的订单才可能让你兴奋起来。

还记得罗宾·吉文斯（Robin Givens）吗？她曾经和迈克·泰森（Mike Tyson）有过8个月的婚姻。和这样的明星夫妇打交道是不是值得骄傲？可在她前往加州打算聘请一名离婚律师时，我敢肯定她没有想过要把这场官司"赏"给马文·米切尔森（Marvin Mitchelson）。绝对没有！她只会想："如果能请到马文·米切尔森就好了，他可是最优秀的离婚律师。我不可能找到更合适的人选了。"因此，你要相信，你就是自己行业中最优秀的！对方不可能比你更专业。如果你愿意拿出自己的个人声誉和专业知识，以及公司的声誉和专业知识，来解决客户的问题，那么就不是他在奖赏你，而是你在奖赏他。当然，这种自信也不能太过火，否则你很快就会变得态度傲慢；但也不要妄自菲薄，认为客户的订单是一种奖赏。我曾听说有些销售人员甚至会求客户分给自己一点儿业务。你敢相信吗？这听上去不就像是小狗在乞求残羹剩饭吗？而当你认为是自己在奖赏客户，就会有底气要求对方把所有业务都交给你。

当客户开始对你使用奖赏权力时，一定要识破对方，不要被轻易吓到。有些买家的确是这方面的大师。比如在要求你做出让步时，他会"不经意地"提到自己下周有一个大项目打算要交给你，或者在聊天时，他可能会讲到自己在码头有一艘游艇，或者在某座山上有一个滑雪小屋。他甚至不需要明说，只是通过暗示就能把奖赏权力运用得淋漓尽致。千万不要被唬住，应当看清对方真正的目的，不要让它打乱你的谈判节奏。

一旦你意识到了奖赏的力量，并看穿了对方的"小九九"，他便无法借此控制你，而你也会在谈判中变得更加自信。

强制力

与奖赏力相对的是强制力。当你认为一个人有权惩罚你时，他便拥有了这种强制力。当交警把你拦在路边时，他就站在那里，随时有可能给你开罚单，这种感觉想必十分难受吧？虽然惩罚的力度可能不大，但威慑力绝对够强。

所以，一旦你认为某人可以对你进行惩罚时，也就赋予了对方强制的力量——众所周知，在销售谈判中最普遍的惩罚方式便是让对方感到难堪。

还记得前面我是如何教你框定价格范围的吗？在首次报价时，一定要给出远高于你心理价格的数字。有时候要做到这点并不容易。因为你没有勇气报出太过分的价格，担心对方会因此嘲笑你。这种恐惧心理会阻碍你在生活中做各种尝试，因此你必须设法正视它。在我的《优势执行力》(The 13 Secrets of Power Performance)一书中，我曾给出过建议，那就是找到自己的恐惧所在，然后想办法克服它。和奖赏力一样，这种心理的影响程度其实取决于经验的多少。一名销售新手可能面对1000美元的生意都会紧张不已，但对于那些经验丰富的销售人员来说，即便失去10万美元的订单也无大碍。

销售新手大多会受对方奖赏力和强制力的牵制。第一次给客户打电话时，他们会把客户的订单看成一种奖励，把拒绝看成一种惩罚，甚至可能会担心遭到客户的嘲笑。可在从事这行一段时间后，他们就会意识到，销售其实就是一场数字游戏。对于努力工作的销售人员来说，随着交流的客户越来越多，遭到拒绝的占比自然也会变高。一旦他们明白这一切不过是一场数字游戏，也就不会再赋予客户奖赏或是惩罚的权力，这时自然就会在谈判中变得更加自信。

崇敬力

个人影响力的第四个要素是崇敬力。这一权力掌握在那些拥有一以贯之的价值观的人手中。

崇敬力，也就是从一而终地坚守自己的原则，会对人们产生巨大的影响。正如我们喜欢那些言行一致的客户一样，他们同样也欣赏信守诺言的卖家。如果你愿意坚持自己的原则，尤其是当你冒着经济损失的风险进行谈判时，你就可以得到别人的信任，受到对方由衷的崇敬。

打个比方，你是一名电脑销售人员，如果你有勇气告诉客户"你想尽量节省成本，这我完全同意，但这其实并不是个明智的选择。因为我知道，如果你不选这个40G内存的型号，早晚会后悔的。所以非常抱歉，我的价格确实不能再低了"，客户会对你好感倍增。当然，这种做法也会招致某些客户的不解，但如果你事先做足了功课，且提出的建议有理有据的话，自然就会得到客户的青睐。可如果你完全被对方牵着鼻子走，他们又怎么可能尊重你呢？

再比如，你不幸心脏病发作，在医院的病床上醒来。医生告诉你："你需要进行三层心脏搭桥手术。"你说："我觉得做两层就可以了。"这时如果医生说"好吧，那先做两层，看看效果如何"，你会怎么看待这位医生？你还敢让他拿着手术刀靠近你吗？我想不太可能吧。

当你表现出具有崇敬力时，买家通常会注意到。他们其实十分欣赏并尊重这种原则明确的行事方法，这让你具备了强大的个人影响力。如果你在谈判时表示愿意"抄点儿近路"，或是用一些不合规的方式牵桥搭线，或许你能够获得眼前的一丝薄利，但从长远来看，你会在对方心中逐渐失去影响力。所以要注意，一旦原则确立就不要再去破坏它。

千万注意不要在告诉客户你从来不会降价之后又松口。与其如此，还不如一开始就不要设立标准。

感召力

个人影响力的第五个要素是感召力——这可能是最难分析也最难解释的一种力量。在我的《优势说服力的秘诀》（*Secrets of Power Persuasion*）一书中，我花了整整三章的篇幅详细介绍了如何培养个人魅力。现在，我们需要认识一下它的力量和局限性。而且，在本书中，我们只需认识到它的力量和局限性就足够了。

我想你一定见过某位有着超强感召力的名人。当遇到克林顿总统时，我感觉很不自在，因为政见不同，我敢肯定他也感觉到了这一点。所以我并不想说任何表示支持的话，我告诉他："祝您好运，总统先生，不要被他们赶下台。"这话够中立了吧？可他看了看我的胸牌，直视着我的眼睛说："罗杰，如果你愿意站在我这边的话，我一定会胜利的。"我说："我会站在您这边的，总统先生。"不到15秒的时间里，他就赢得了我的支持，这完全是基于他的个人魅力。

并非所有的总统都能发挥自己的感召力。杰拉尔德·福特（Gerald Ford）就是个典型的反例。他充分具备了其他三种力量要素，但唯独缺少了与之相称的感召力。

我相信这也是乔治·布什的最终支持率下降的原因，尤其是前任总统是魅力十足的罗纳多·里根，对比格外明显。还记得他在威廉姆斯堡（Williamsburg）辩论时的那张照片吗？在回答观众问题时，他身子前倾，不停地看表，俨然一副不耐烦的样子。

销售人员则往往会过分强调感召力。许多资深的销售人员都曾表示："我的客户之所以愿意和我做生意，唯一的原因就是他们喜欢我。"或许吧，可现在情况大不相同了。可别再掉进威利·罗曼（Willie Loman）的陷阱。即便是在40年前，当亚瑟·米勒（Arthur Miller）在小说《推销员之死》（*Death of a Salesman*）中借威利之口说出"最重要的是要讨人喜欢"，他也只是在开玩笑罢了。当然，如果客户喜欢你，他的确更有可能找你下订单，但不要以为这就十拿九稳了。如今的客户太精明了，喜欢你和让你掌控谈判之间还差得远呢。

你的目标应该是让客户因为喜欢你而做出让步，而不是自己感情用事地向对方做出让步。

专业力

第六个要素是专业力。当你向他人传递出自己在某个领域掌握更多专业知识时，就拥有了影响对方的能力。律师和医生都是这方面的高手，他们甚至会运用大量的专业术语以示自己的专业权威。

其实医生也不是不能用通俗的语句来开处方，但这样做就会使他们失去神秘感，从而大大削弱专业权威。律师也是如此，他们业内的术语旁人几乎难以理解，因此大大增强了自己的专业力。

千万不要让对手用专业知识吓倒你。假如你是刚接触销售行业，虽然学习了一些相关知识，但还谈不上自信。你遇到了一个买家，对方似乎比你还要了解你们的产品，你心里非常害怕。这时请记住，不要让他得逞。如果对方质疑你的专业知识，不妨直言相告："这的确不是我的专业所在，但我们的工程师是业内最出色的，你完全可以相信他们。"

综合力

现在让我们把崇敬力、感召力和专业力看作一个整体。优势销售谈判高手知道，要想主导谈判，这三种力量至关重要。

你是否认识这么一个人，他在谈判中好像从来不会遇到你的那些问题。可能你只是出去打了通电话，回来时你的经理就已经掌握了整场谈判的主动权。他只是和买家随便聊了15分钟或20分钟，看上去也没有谈什么重要的事情，但最后，买家却主动表示："那我们应该怎么做？是选顶级配置还是标准型号？你来推荐一下吧，毕竟你才是专家。"

他到底是如何做到的呢？答案是这种人懂得将崇敬力、感召力和专业力三者综合起来。具体而言如下：

崇敬力：他可能会说："我不会做任何损害你利益的事情，即便那可能会给我带来好处。"这样一来，他便成功争取到了对方的信任。

感召力：他的性格可能很讨人喜欢。

专业力：在不吹嘘的情况下，你的经理成功地让对方觉得自己在这一领域更为专业。

因此，当你把这三者集合到一起时，往往更容易在谈判中获得主导权。你甚至能让买方主动寻求你的意见。他可能会说："好吧，你觉得我们该怎么做？"这时他便彻底把控制权交到了你的手中。

情境力

个人影响力的第七个要素是情境力。我们其实对此非常熟悉。比如负责你家周围的邮差，这些人在其他领域可能毫无权力可言，但在邮寄包裹这一特殊情境下，他们有权决定是否接受你的包裹，这时他们便拥有了情境影响力，并且十分乐于运用这种权力。

这在大型组织或政府机构中也十分普遍，那里的员工在工作中往往没有太多自由，所以一旦被赋予某种权力，甚至能左右他人时，他们就会迫不及待地动用这种权力。

还记得我曾在新斯科舍省（Nova Scotia）哈利法克斯的销售人员培训大会上发表过演讲。就在我到达那里的前一晚，这群销售人员举行了最后一场狂欢聚会。大家玩得相当尽兴。其中一个人在凌晨3点才回房睡觉，脱光衣服上床后，他突然想在房间里放些冰块。于是便迷迷糊糊地坐起来，心里想，为了取冰块再重新穿上衣服值得吗？最后他心想，现在是凌晨3点，制冰机就在房门外的拐角处，谁会看到我呢？我就这样溜出去算了。

可他忘了，只要他一进入走廊，身后的门就会立即自动上锁。很快，只见他提着一桶冰站在房门外，进行着激烈的思想斗争。最后他意识到自己其实并没有太多选择，于是只好放下冰桶，硬着头皮，赤身穿过那家喜来登酒店（Halifax Sheraton）的大厅，径直走向前台，希望前台服务员再给他一把钥匙。那位年轻的女士直直地盯着他，说道："先生，在给你另一把钥匙之前，我需要看一下你的证件。"这就是情境的力量。

谈判中有一个关键的问题，那就是在某些特殊情境下，对方所拥有的力量过于强大，这时任你巧舌如簧，最终还是会输掉这场谈判。所以，如果注定要做出让步的话，你不妨尽可能做到优雅地让步。否则失了风度，惹恼了客户，最后还是要让步，何必呢？

但事实是，多少次当我们来到百货商场，要求店员退款时，对方都会没好气地表示："好吧，这次先给你退了，但其实我们根本没必要这么做。"请问这有什么意义呢？既然你除了让步别无选择，何不表现得大度一些呢？这样至少可以给对方留个好印象。

许多年前，当我还是一名房地产经纪人时，我们公司在同一个地方新建了四栋大楼。在加州施工时，我们往往会使用浇筑板工艺，正当我们刚刚完成浇筑时，一位市政监理员突然走了过来，漫不经心地问道："你们在做什么？"

答案其实不言而喻，但由于对方不像是在开玩笑，所以我们简单地回答道："浇筑板材。"

"我需要先确认管道是否合格。"他说道。我发誓，他肯定很享受这个发号施令的过程。在接下来的例行程序中，所有人都忙得团团转，急着找到已经签发的建筑许可证。慢慢地，我们开始感到恐慌，因为大家开始意识到他说的是对的。由于当时那名监理员有着足够的情境力，我们不得不派人扛着铁锹，挖开已经凝固的混凝土，好让他检查里面的水管是否合格。

这里讲的重点是，千万不要因此而灰心。而优势谈判高手明白情境的威力，并将其为自己所用，他们总会设法在谈判中将对方引入自己掌权的情境中。

信息力

个人影响力的最后一个要素是信息力。共享信息会形成一种纽带，而保有某些信息则会形成一种威慑力。大公司在这方面颇有技巧。比如，主管们往往会掌握一些不与员工共享的信息。其实不是因为这些信息有多神秘，一经泄露会给公司造成损失，而是一定程度上的保密可以让高层更具威严。

人类天生就对万事万物有一种强烈的好奇心。我们无法忍受别人对自己保密。你可以把一头牛赶到田野里，让它一辈子待在那儿，它也不会去想山的另一边有什么。但人类却舍得花 15 亿美元把哈勃望远镜送上太空，就算再拿 20 亿美元维修也在所不惜，只是为了弄清太空到底是什么样的。

保密的力量是十分骇人的。假设你刚刚向某家采购委员会进行了详细的介绍。演示完毕后，他们对你说："我们需要讨论一下。您介意到外面大厅稍事等候吗？我们讨论好了会叫你的。"在大厅等候时，你难道不会感觉坐立难安吗？因为我们不喜欢别人对我们保密。

一旦你意识到对方可能只是把保密作为一种谈判策略，屋里的人们甚至只是在聊哪场足球比赛，他们就无法再用这种方式恐吓你。但他们知道，让你离开房间本身就可以让他们获取一定的心理优势。他们知道，当你再次回到谈判桌上时，你的自信心就会下降，而他们的威慑力则会上升。如果你意识到这一点，对方的招数自然也就不攻而破了。

综上所述，以下是个人影响力的八方面要素：

- **合法力**。你的头衔或你在市场中的地位所带来的权力。
- **奖赏力**。无论是从当下还是长期来看，客户是否认为你有能力奖赏他。
- **强制力**。客户是否感觉跟你打交道能解决自己很多问题。
- **崇敬力**。展示出言行一致的价值观，这可以帮助对方建立信任。

- **感召力**。人格的魅力。
- **专业力**。客户是否相信你比他自己更了解产品。
- **情境力**。当下所处的情境是否对客户不利。
- **信息力**。客户是否认为你掌握着很多宝贵的信息。

可以花点儿时间从以上各个方面对自己进行一下评估。不是按照你自己的感受，甚至不需要你描述真实的情况，而是要按你在别人心目中的形象来打分。你的客户在这八个方面对你的印象如何？试着在每一项上给自己打个分，从 1 分到 10 分，10 分意味着完全符合。满分为 80 分。

如果你的分数在 60 分左右，说明你已经是一个优势谈判高手了。你不仅具有影响力，同时也能够体会对方的感受。

如果你的分数高于 70 分，我可能会担心你在和别人打交道时有些咄咄逼人。

如果分数不足 60 分的话，说明你还有一些不足之处。反思一下那些得分偏低的方面，并有针对性地做出改变。

重新回顾一下这张清单，记住这八种要素，不要让对手用这些权力吓到你。下次进行谈判时，如果你感觉自己失去了控制权，也就是对方开始威胁你时，你就要弄清楚具体是哪方面出现了问题。清晰的认知能帮你更好地处理问题。

尤其要注意一名优势销售谈判高手需要具备的四种关键力量，这四者集合在一起时会形成摧枯拉朽之势。当这四种特质集中在一个人身上时，他就可以创造奇迹。这四种力量是：

- **合法力**。头衔的力量。
- **奖赏力**。奖赏别人的能力。

- **崇敬力。**一以贯之的价值原则。
- **感召力。**个人魅力以及感召能力。

只要你着重培养自己这四种力量，就可以对客户产生巨大的影响。一旦你做到了这点，你会发现自己控制客户的能力得到了显著提升。

现在想必你已经清楚了会对客户产生影响的要素。在下一章中，我将教你如何读懂客户的性格特点，并据此调整自己的谈判风格。

第36章
读懂客户的性格特点

现在我继续教你如何在谈判中同对手过招。在上一章中，我们学过了个人影响力，在这一章里，我会教你识别客户的不同性格，并据此调整你的谈判风格。下面我要教你的这套系统来源于古希腊人许多个世纪前的研究成果，所以都已经过了时间与实践的检验。然而它可能与你所接受的销售培训相矛盾。我相信你一定参加过那种教你所谓"回答公式"的培训课程。可出色的销售谈判者知道，在面对不同个性的客户时，采取的方法也需做出相应的改变。

这套系统的阐述基于两个维度。第一个维度是客户的果断程度。你可以通过对方握手时的力度、对方是否直接回答你的问题以及对方是否主动报上姓名等来判断。做事果断的客户总是希望尽快达成交易。他会一边握手，一边说："来吧，看看你给我们带来了什么。"这类客户往往会迅速做出决定："只要你能给我 20% 的折扣，在 15 日之前交货，并且负担运费，我就订一卡车的量，你看怎么样？"而不够果断的客户则会先花些时间了解你。他可以长时间集中注意力，所以也习惯了慢慢做决定。这种人往往需要一些时间仔细思考。

优势销售谈判高手意识到,这种差别到了谈判中会变成一个主要冲突点。对于习惯当机立断的人而言,摇摆不定、缺乏决断力的人自然会让他感到抓狂。你会想:"他已经拿到报价单一个星期了,可每当我问他时,他总是说自己在考虑。上帝啊,他到底要花多长时间才能拿定主意啊?不过是 20 万美元,又不是什么大生意。"然而,如果你本身比较多虑,会花比较长的时间思考再做决定,你可能就会对那些迅速做出决定的人心存怀疑。你可能会觉得:"我把提案交给客户,他只是简单地扫了一下,最多就三四分钟,然后就说'好吧,就这么定了',这家公司的信用评级一定是全世界最低的,我们肯定拿不到货款。不可能有人真的这么快就做出决定。"

第二个维度是客户的情绪水平。这与左右脑思维方式不同是一样的道理,情感丰富、右脑活跃的人往往富有创造力且关心他人,而理性的、习惯用左脑思考的人则通常黑白分明,对事不对人。可以通过评估客户的言谈方式,以及他回应别人的热情程度来判断他的情绪水平。

如果将果断程度和情绪水平两个维度综合起来,可以将客户分成四种不同的类型:

第一种是果断/理性型,我称之为"务实型"。 务实型的客户通常会对来电严格筛查。在接通电话之前,他的秘书需要先弄清你是谁,有什么事情。他的工作环境会非常正式。这种人会让秘书负责接听电话、确认约见时间,并把你带进办公室(而不是亲自出来迎接)。务实型的人喜欢参与性强的运动,比如滑雪、潜水、飞行等,他可能也会喜欢高尔夫,但出于时间考虑,通常不会真的去。这类人往往十分整洁,做事极有条理,而且着装非常正式。

在和务实型客户打交道时,不要把时间浪费在寒暄上。毕竟你是在谈生意,而不是来闲聊的,如果你想先聊聊昨晚的篮球赛,以此增进关系,他可能很快就会失去兴趣。此外，不要向这类人透露过多信息，他往往只需最低限度的必要信息就能做出决定。如果你试图用过于热情的陈述来说服对方，反而可能会给他留下虚伪的印象。这种人大多会严格根据事实迅速做出决定。

第二种是果断／感性型，我称之为"**外向型**"。外向型客户往往十分友好和开放。他会亲自接听电话，且不太会将来电分组，如果你去拜访他，这类人很可能会到大堂和你碰面，并亲自带你参观公司。他会在公司大楼里和往来的员工热情地打招呼。外向型的人偏爱那些更有看点的运动，比如棒球或是足球。他可能会在办公室里摆上家人的照片，而这在务实型客户眼中有些太过随意了。

虽然他会花很长时间谈论自己的假期或打猎经历，但如果有人进到办公室请他签署文件，或当他在你面前接听电话时，他却往往能够迅速做出决定。

这类客户虽然热情友好，但在意见不合时也会果断地对你说不。虽说他看上去风度翩翩，但也极为武断。这种人不是很有条理，他的办公桌可能会很乱。这类人往往不善于跟进计划，但这并不妨碍他招人喜欢，与他打交道会很有趣。

在与外向型客户打交道时，不妨给他描绘一幅未来可期的景象，让他变得兴奋起来。还可以试着聊聊他的爱好。谈判时多举一些成功或失败的案例，让他对达成交易更加渴望。对于这类人来说，能否迅速做出决定往往取决于他对该项目的感兴趣程度。

第三种是犹豫／感性型，我称之为"**亲和型**"。亲和型的人往往会设置障碍，他不会轻易泄露自己的家庭电话，房门上可能还贴着"谢绝推销"的标识。他可能很久都不会搬家，因为这种人很容易与身边的人和事物产生羁绊。

他开的可能是款式十分老旧的车，只因害怕跟那些咄咄逼人的汽车经销商打交道。亲和型的人往往不是企业家，他更喜欢在大公司里担任管理角色，因为那里的条条框框可以让他免于直接做决定的压力。这种人似乎没有什么时间管理意识。当你向他致电约见时，他会告诉你随时都可以去找他。他做事缺乏条理，原因是不善于拒绝别人。当他受邀参加某个委员会时，由于难以拒绝，他更倾向于默默承担超出自身能力的工作。这种人的生活、工作环境往往都十分温馨舒适，因为他会与身边的一切，包括房子、家具和汽车等建立深厚的感情，从而不愿做出改变。

在与亲和型客户打交道时，秘诀就是慢慢来，要耐心等到对方肯信任你的时候。你要设法让对方知道你非常善解人意。但要时刻小心，因为一点儿小事都能让他立刻翻脸。不要给他施加压力，因为他不喜欢被迫做决定。你只需要给他足够的时间把问题想清楚就可以了。一定要等对方感觉与你相处很自在时再进入正题。

第四种是犹豫／理性型，我称之为"分析型"。 分析型人士往往拥有工程学或会计学的教育背景。他可能是个电子产品发烧友，拥有各式各样的电脑、计算器和通信设备。他甚至可能是当地第一个拥有家用传真机的人。这种人有强烈的好奇心，喜欢收集信息，并且乐此不疲。如果给他本书，他还会想了解这本书的出版时间以及印刷过程。

看那些分析型人士进行管理是一件相当有趣的事情。他相信，只要能够传达足够多的信息，他就能处理好一切。分析型的人时间观念很强，所以你永远不会听到他说"我大约午饭时间到"，而是会说"我12点15分到"。他还会追求一切数据的精确度，所以他不会告诉你某种东西的价格是"100多美元"，而是会说"114.16美元"。他喜欢这种精确，所以当你在介绍自己的产品规格时，一定要精确到小数点后两位数。

在与分析型人士打交道时，精确才是关键。如果你问他今天星期几，他会告诉你:"今天星期三,但汤加岛除外,那里现在已经是星期四的早上了。"他酷爱分析,喜欢用图表量化一切。所以,当他问你价格时,一定要精确到分。你要做好介绍全部操作细节的准备。要想拉近双方的关系,你就必须试着谈论一些他感兴趣的东西,如工程学和计算机技术等。

一旦意识到确定客户性格是多么容易,你可能就会对在许多销售培训课程中学到的东西产生怀疑。

比如,有老师教过你销售需要充满热情,如果连你都对自己的产品和服务缺乏热情,又如何让客户感到热情呢?没错,在与外向型客户打交道时,保持热情的确对你有所帮助,因为对方本身就是一个热情的人。

与亲和型人士打交道时,保持热情也没问题,因为他会从你的热情中感受到温暖。"你可以感觉到销售员自己都很认可,所以这肯定是个好主意。"

但过于热情会让你失去务实型的客户。他会想:"哦,可别跟我说那些虚头巴脑的推销套话,只要说点儿足够使我做出决定的事实就可以了。"

此外,分析型人士也从来不会被你的热情冲昏头脑。在掌握了足够多的信息之前,他是不会做出任何决定的。

我相信,你在销售培训中学到的还有另外一条,那就是主导谈话。当客户提出问题时,你同样以问题来作答。

"你能在 30 天内送货吗?"

"你希望我们在 30 天内送吗?"

"是蓝色的吗?"

"你想要蓝色的吗?"

"你能给我 90 天账期吗?"

"你需要 90 天账期吗?"

……

这种做法对于分析型客户的确有效,因为他也喜欢问题。哪怕一整天都坐在那里提问、回答也可以。

对于亲和型客户来说，这样做也没问题，因为这说明你关心他。

但当务实型客户问你问题时，他想要的是答案。他可不想跟你在口头上这样踢皮球。

果断派的外向型客户也是如此。除非你能与他坦诚相见，否则他是不会对你感兴趣的。他的确会迅速做出决定，但前提是以事实为依据。

你在先前的培训中可能学过，人们买东西是出于感性冲动，而非理智。理性思维在购买过程中的唯一用途就是验证他们刚刚凭着感觉做出的决定。

这对于外向型客户来说的确如此。唐纳德·特朗普曾花数百万美元在特朗普大厦的大厅里铺上了粉色的意大利大理石，只因他感觉值得。

亲和型客户也是如此，因为这种感觉会转化成他对你和你的产品的好感。

但务实型客户不会仅凭感觉购物。他之所以选择花钱，是因为这样做会给他带来理想的回报。

分析型人士的购买决定也并非出于感性。只有当他觉得一切数据都合适时，他才会做出决定。

要知道，跟那些在果断度和情感维度上都不同于自己的客户打交道是最困难的。如果你属于果断而理性的人，你当然会喜欢务实型的客户。他往往脚踏实地，做事严肃认真，只要你提出问题，就一定会得到确切的答案。当你想让对方做出决定时，他就会告诉你自己的决定。可在与亲和型客户打交道时，你就会遇到麻烦。你思维敏捷，从不感情用事，可他的思考速度却很慢，而且往往带有感情色彩。

在向亲和型客户报价时，哪怕你认为自己的方案堪称完美，对方也可能会表示拒绝。在你看来，与对方现在的供应商相比，很明显你的产品质量更好、价格更低，所以对方应该毫不犹豫地甩掉现在的供应商与你合作，但他却回绝了。因为他在想："我现在还不习惯跟你往来。我想跟交往起来舒服的人打交道。除非我能感觉到你很在意我方,否则你知道得再多也没用。"

反过来说,亲和型的人在跟你这样的务实型人士打交道时也会感到困难重重。在他眼中,你总是过于冷静和客观,似乎只关注生意,对客户本身却毫无同理心。所以,亲和型客户也不太喜欢跟你谈生意。

如果你属于果断且感性的外向型,你就会喜欢与同样外向的客户交往。因为你们都是很有趣的人,只要一有机会就会热血沸腾地去做一些事情。可当对方是犹豫而理性的分析型客户时,情况就棘手得多。在你看来,分析型人士似乎总是需要过多的信息。他太过关注细节,似乎没有什么大局观。你会感觉他的做事方式过于谨慎,这是因为分析型人士对于精准度的要求可谓近乎苛刻。

当一位分析型客户问你"什么时候送货"时,他可不想听你说"哦,大概1月中旬吧"。他希望你能给他准确的时间,比如"1月16日下午3点15分之前"。

当他问你"外壳的油漆厚度是多少"时,他不想听到"哦,我觉得大概是中等厚度吧",他希望你的回答能精确到千分之一英寸。

反过来说,分析型人士会觉得外向型的你好像有些过于轻佻。由于你太过随和,甚至可能在未知全貌的情况下就略过了某项问题。

性格差异

下面我们来谈谈各种性格的客户在谈判中有何不同。

务实型人士在谈判时会变成"街霸"。所谓"街霸",指的是他在谈判中唯一的目标就是赢,对他而言,己方的赢就意味着对方的输。"这又有什么错呢?这个世界就是这样,不要浪费时间说双赢这种空洞的废话了。既然是谈判,我为什么还要关心对方的需求呢?获胜就是我来到这里的原因,我希望对方也是一样，为自己想要的东西而努力奋斗。"

在谈判中，你最不愿接触的可能就是街霸这类的客户了，但他也有一个致命的弱点：过于关注谈判中的某个问题。他会把谈判看作一场"你死我活"的较量，所以往往太过计较每个得失。街霸型客户可能会认为，只有当你的价格低于他现有的供应商时，才算得上自己赢得了谈判，所以他会非常关心这个问题。一旦意识到这一点，你就会发现，为了达到目的，他可能会不惜付出任何代价。比如说，你在采购一块商业不动产时，卖方正是一名街霸型谈判者，他给自己商场的心理定价是1000万美元，少一分都不行。如果你给出了980万美元的报价，他一定会果断拒绝，因为那样他会感觉自己输掉了这场较量。但如果你给出1000万美元的报价，但支付方式是100万美元的定期支票，并且加上6%的利息，10年后支付完，他可能就会接受。可事实上，如果考虑到时间成本，这个报价其实比980万美元还要低。尽管如此，他仍然不会接受980万美元的价格，因为那不符合他对赢的定义。

街霸的另一个特点是，为了得到获胜的感觉，他必须要看到对方的失败。所以，千万别跟这种人说什么双赢。相反，一定要尽量"卖惨"，告诉他你损失了多少利润。

外向型人士会在谈判中扮演导师[1]的角色。他会因眼前之事兴奋不已，以至于失去了洞察力。这样的销售人员就像是在组建一支垒球队，并为此投入了全部的热情。他甚至意识不到，世界上根本没人想在星期二晚上打垒球。

这类谈判者往往在搞砸谈判后却不知道问题出在哪里。他会回到办公室后愤怒地踢着桌子，骂道："他们居然找了其他供应商！这些人怎么能这么对我？那晚我还和他们喝酒喝到半夜。"

亲和型人士在谈判中则会变成和事佬。和事佬的目的并不是赢得谈判，

---

1 Den Mother，原指美国幼年童子军中的女训导。

而是设法让所有人都开心。观察街霸与和事佬这两种性格截然相反的人谈判是一件相当有趣的事情。街霸会尽力榨干最后一毛钱，直到完全无利可图为止。而和事佬会在谈判结束时还问对方："你觉得这个结果公平吗？我可不想占你便宜。"

分析型人士在谈判中则会极具执行官之风。一般来说，分析型客户都会有工程学或会计学的教育背景，所以他追求的是精准、到位、板上钉钉。他不喜欢讨价还价的过程，反而更偏向于保持刚性，这种人最常用的表达方式是："事情本该如此。"

外向/导师型的谈判者会说："嘿，你看！我们纠结的不过是500美元而已，所以看在上帝的分儿上，我们各让一步，快点儿把生意做起来吧。"而这时分析/执行官型人士则会说："嗯，我知道我们之间的分歧只有500美元。确切来说，由于你刚刚提出各让一半，现在只是250美元的问题。但这是原则问题，和金额大小无关。"

所以，如果你是这种性格，在谈判中注意不要太过死板。

下面让我们来看看不同个性的人的谈判风格分别如何，并逐个分析他们与理想状态——优势谈判高手之间的差距。让我们从谈判的各个环节谈起。

谈判目标

务实/街霸型谈判者的目标很明确。他的目标就是胜利——设法赢得谈判。

外向/导师型谈判者的目标是影响对手。他很喜欢改变别人的想法，他可能故意选择相对的立场，只是为了看看自己能否改变对方。

亲和/和事佬型谈判者的目标是达成共识。他觉得只要能让大家在某件事情上达成共识，其他的问题自然会水到渠成。

分析/执行官型谈判者的目标是尽力维护谈判秩序。他希望谈判能以正式的形式进行，并以此为依托找出解决方案。

但我们的目标是成为追求双赢的优势谈判高手，因为这对各方而言都是明智的选择。

谈判中的关系

街霸型人士会有威胁对手的倾向。他似乎带着一丝敌意，向你暗示道："如果你不接受我的条件，我们的关系就会变得非常紧张，你不会喜欢那样的。"

导师型人士则试图通过鼓动对方来达到目的。先让对方激动起来，再借机说服他。

和事佬型人士则致力于发展和谐的人际关系。他的哲学是，只要我们彼此足够欣赏，一切问题都好说。

执行官型人士则完全忽视了人际关系问题，他会严格根据事实来进行谈判。

致力于双赢的优势谈判高手则懂得把人和生意区分开来的道理。他既关注双方的关系，又能在谈判时剥离感情色彩，集中精力解决问题。

四种不同的谈判风格

街霸型谈判者的风格往往非常强硬和霸道。

导师型谈判者很容易情绪激动。

和事佬型谈判者的风格会较为柔和（有时会过于温和）。

执行官型谈判者则会在正式谈判中隐藏自己的真实性格。

追求双赢的优势谈判高手采取的则是待人温和、处事强硬的风格。他为人随和、友好、性格讨喜，对待所有人都表现得彬彬有礼，可一旦开始谈判，就会一秒变脸，就事论事。

谈判中暴露的性格缺陷

街霸型谈判者总想占据主导地位，这也导致他爱钻牛角尖。为了在谈判中得到自己想要的东西，即便应当选择让步时，他还是会固执己见。

导师型谈判者往往会忽略他人的感受，并且对谈判的进度不太敏感。

和事佬型谈判者的立场太易动摇。

执行官型谈判者则又太过死板。

不同的谈判方法

街霸型谈判者总想从对方手中夺利。他觉得只有把对方击败才是真正意义上的获胜。

导师型谈判者喜欢鼓动别人，试图让对方聚焦某个要点。他相信只要对方足够感兴趣，就一定会让步。

和事佬型谈判者则愿意让步。他的理论是，只要自己做出让步，对方也一定会有所表示。

执行官型谈判者在谈判中通常过于死板。

而追求双赢的优势谈判高手知道如何在谈判中提出各方均获利的解决方案。

因此在谈判中，一个关键的点是，优势谈判高手能够设法改变对方的立场——这种预设立场很大程度上来源于他的性格——这样双方就能关注眼下的利益。这一点很关键，因为双方的立场可能截然相反，但利益却可以是相同的。

一名优势销售谈判高手应该学着让对方放弃先前的立场，以便让双方致力于发展共同利益。要想做到这一点，关键在于熟悉客户的性格特点，了解他的处事方式，并采取相应的应对方法。即便此后对方采取了截然不同的立场，你也应努力改变对方的观点，将注意力转移到彼此共同的利益上。

第37章
双赢销售谈判

为了使优势销售谈判的课程更加完整，我想再花点儿时间谈谈双赢谈判。我认为，谈判的目的并不是支配客户，通过欺骗的方式让对方做一些正常情况下不会做的事情，而是要跟客户共同努力，找到一个双赢的解决方案。这时你的反应可能是："罗杰，你显然不太了解我所在的行业。我生活在一个你死我活的世界，我的客户可不是什么软柿子，他们个个都相当凶残。在我们这一行，根本没有双赢这回事。既然是做销售，我的目标就是尽力抬高价格，而客户显然是要争取到最低价。我们怎么可能在谈判中做到双赢呢？"

让我们先从最重要的问题谈起：到底什么是双赢？双赢真的是指双方都是赢家吗？还是说双方都要损失部分利益，这样才够公平？如果只是一方认为自己赢了，对方输了，那算不算是双赢呢？

在你否定双赢的可能性之前，不妨想想这种情况：你拿到了一笔大订单，在谈判结束时内心高呼："我赢了！如果客户的谈判水平再高一些，我其实还能再降低价格的。"而客户也认为自己赢得了谈判，因为如果你继续坚持，他本来也会提高价格的。所以，你们双方都认为自己赢得了谈判。这种情况算是双赢吗？是的，只要双方都能一直维持这种感觉，不会在第二天早晨醒来时突然意识到"该死的，现在我明白他玩的是哪出了，看我下次见面怎么收拾他"，我相信你们就实现了双赢谈判。

我会一再强调某些策略，比如永远不要接受第一次报价，报出高于你预期的价格，等等，就是为了让对方感觉自己才是赢家。

除了要给对方营造这种感觉，下面还有四条基本规则需要你遵守。

规则1：不要把谈判聚焦到单一的问题上

如果你们已经解决了所有问题，最后要谈的只剩价格了，那么双方就注定要分出胜负。但只要你能保证谈判桌上的问题不止一个，就总有权衡选择的机会，这样客户就不会介意在价格上做出让步，因为你还有其他的筹码可以用于交换。

有时候，买家可能会把你提供的东西物化为单一的商品，比如他可能会说："我们会按吨采购产品，所以只要质量达标，我们并不介意是谁制造的，也不介意它来自哪里。"这时他就是在试图把谈判重点单一化，让你觉得降低价格是唯一的选择。遇到这种情况时，你应当尽可能引入更多维度，比如交货时间、付款方式、包装以及质保等，这样你就可以扩大筹码，跳出眼前单一的分歧。

在一次培训课上，一位写字楼销售员走上前来。他当时非常兴奋，因为眼看一笔"谈了将近一整年"的生意即将进入尾声。他告诉我："基本上所有的问题都已经解决了。事实上，我们只剩价格没有谈拢了，并且双方的价格分歧也不过只有 7.2 万美元。"听到这里，我不禁为他捏了一把汗，因为一旦双方把谈判的焦点放到了一个问题上，就意味着一定会有输有赢。即便分歧不大，但他可能很快就会遇上麻烦。

幸运的是，在一场谈判中，双方所关心的问题永远不止一个。**双赢谈判的艺术要求你像拼拼图一样把这些要素拼到一起，这样双方就都能得偿所愿。**

所以，第一条规则就是不要把谈判聚焦到一个问题上。虽然我在前面讲到过，双方可以通过在小事上达成共识来推动谈判进程，但万万不可把谈判的全部重点集中到某一个问题上。

规则 2：要明白双方的需求可能并不相同

人们通常会先入为主地认为，对方与自己的需求相同——在谈判中自己重视的条件对对方一定也很重要，但事实往往并非如此。

销售人员最容易陷入的误区就是认为价格是谈判的绝对重心。其实对于客户来说，还有很多其他更为重要的因素。首先，你需要让对方相信你的产品或服务的质量。其次，他需要知道你能否按时交货，想知道你是否会足够重视后续工作，你方的付款期限是否灵活，你们公司是否有足够的实力与他合作，你是否有一个训练有素、充满干劲的团队。不仅如此，还有其他许多同样重要的因素。只有在你充分满足了客户这一系列需求之后，价格才会成为决定性因素。

因此，双赢谈判的第二个关键就是：不要事先认为双方的需求一定相同。一旦有了这种想法，你就会进一步认为，要想满足客户，必定牺牲己方的利益。

只有当你明白人们在谈判中想要的东西不尽相同时，你才能真正实现双赢谈判。**优秀的谈判者不仅会关心自己的目标，还会尽力帮助对方实现需求。**在与客户谈判时，你不应该只想着能从他那里得到什么，而是你怎样才能在不损害自身利益的情况下满足客户需求。因为在谈判时，如果你能满足对方的需求，他自然也会给予你想要的。

规则 3：不要太贪心

不要想着榨干谈判桌上的最后一分钱。你可能会觉得自己赢了，但如果客户在谈判结束时只觉得挫败，这对你又有什么好处呢？谈判桌上的最后一分利往往是最值钱的。所以，**千万不要抢走所有的好处，一定要给对方留下些什么，好让对方感觉自己才是赢家。**

规则 4：给予额外的回馈

除了兑现自己的承诺，不妨给客户一些额外的回馈。试着多提供一些服务，多关心他一些，你会发现这额外给予的一点儿便利甚至会胜过他自己争取来的一切好处。

要点回顾

- 不要把谈判聚焦到单一的问题上。
- 不要误以为满足客户就一定意味着损害己方的利益。你们想要的可能并不相同。拙劣的谈判者会试图强迫客户放弃自己的立场，而优势谈判高手知道，即便双方立场截然相反，仍可能有共同的利益点。所以，他会设法让客户转换目标，把重点集中到双方的共同利益上。
- 不要太贪心。不要总想着榨干谈判桌上的最后一分利。
- 除了兑现自己的承诺，还要给予客户一些额外的回馈。

结语

这里我想提供一个思路，那就是：努力把工作做到极致，不要为琐事烦恼。只要你能参透其中的道理，并将之作为自己职业生涯的原则，之后的一切都将水到渠成。若想加薪，与其讨好老板，不如花点儿精力做好自己分内之事。

若求升职，光犯愁没用，应集中精力把自己的工作做得更好。

与其为下个月的账单焦虑，还不如下功夫把本职工作做到极致。

那怎样才算做到极致呢？对于销售谈判而言，自然是争取利润的同时促成订单。你要做到的是拿下客户全部的订单，而不只是分一杯羹。这就需要在专业知识方面多下功夫，让客户充分信任你，从而愿意征求你的意见。只要你愿意把精力放在眼下的工作上，其他事情都会迎刃而解。大笔的订单会向你砸来，经理会求着你负责最关键的片区，你的老板也迫不及待地想给你升职加薪。当你在工作中找到激情所在并为之奋斗时，全世界都将为你让路。

愿你每次谈判都能心想事成。不要忘了，我们最终的目标永远是盈利！

图书在版编目（CIP）数据

绝对成交 /（英）罗杰·道森著；徐彬，王柳莉译
. —北京：北京联合出版公司，2022.2（2023.5重印）
　ISBN 978-7-5596-5762-6

　Ⅰ.①绝… Ⅱ.①罗… ②徐… ③王… Ⅲ.①商务谈
判—通俗读物 Ⅳ.① F715.4-49

中国版本图书馆 CIP 数据核字（2021）第 249918 号
北京市版权局著作权合同登记 图字：01-2022-0063

Copyright © 1999 by Roger Dawson
through Andrew Nurnberg Associates International Limited
Simplified Chinese translation copyright © 2022
by Beijing Xiron Culture Group Co., Ltd.
All Rights Reserved.

绝对成交

作　　者：［英］罗杰·道森
译　　者：徐　彬　王柳莉
出 品 人：赵红仕
责任编辑：李　伟
产品经理：苏　格
特约编辑：李芳芳

北京联合出版公司出版
（北京市西城区德外大街 83 号楼 9 层　100088）
三河市冀华印务有限公司印刷　新华书店经销
字数 220 千字　700 毫米 × 980 毫米　1/16　16.5 印张
2022 年 2 月第 1 版　2023 年 5 月第 4 次印刷
ISBN 978-7-5596-5762-6
定价：58.00 元

版权所有，侵权必究
未经许可，不得以任何方式复制或抄袭本书部分或全部内容
本书若有质量问题，请与本公司图书销售中心联系调换。电话：(010) 82069336